众筹模式新解

陈云◎著

ZHONGCHOU MOSHI XINJIE

图书在版编目（CIP）数据

众筹模式新解 / 陈云著. -- 北京：企业管理出版社，2017.5

ISBN 978-7-5164-1408-8

Ⅰ. ①众… Ⅱ. ①陈… Ⅲ. ①融资模式—基本知识 Ⅳ. ①F830.45

中国版本图书馆CIP数据核字（2016）第284432号

书　　名：众筹模式新解
作　　者：陈　云
选题策划：周灵均
责任编辑：周灵均
书　　号：ISBN 978-7-5164-1408-8
出版发行：企业管理出版社
地　　址：北京市海淀区紫竹院南路17号　　邮编：100048
网　　址：http://www.emph.cn
电　　话：总编室（010）68701719　　发行部（010）68701073
编辑部（010）68456991
电子信箱：emph003@sina.cn
印　　刷：香河闻泰印刷包装有限公司
经　　销：新华书店
规　　格：170毫米×240毫米　　16开本　　12印张　　155千字
版　　次：2017年5月第1版　　2017年5月第1次印刷
定　　价：36.00元

导言

众筹是世界经济新一轮的解放运动

众筹是世界经济新一轮的解放运动。

首先，众筹是一场革命，是“互联网+金融”史上的一项重大创新，特别是众筹制度创新，能够催发信息革命，将充分带动互联网金融的发展和传统金融的转型。互联网金融的本质是众筹金融，众筹金融是互联网金融的核心，尤其是股权众筹，是“大众创业、万众创新”的重要推动力量。与之相关的还有创客，即那些出于兴趣与爱好，努力把各种创意转变为现实的人。创客与众创、众包、众筹紧密结合起来之后，正在发挥经济新引擎的作用。众筹创新是我国最为关键的一大创新，也是人类社会的一大创新，是人类社会几百年不遇的大变革。

其次，众筹重新构建了产业链。大凡一个新兴的项目，其背后无不衍生出一系列与之相关的产业链。从这个角度而言，众筹也应该是包括路演推广和与之相关的服务供应商等在内的全产业链模式。在这样的全产业链模式之下，旧的系统必将加速崩溃，从而也导致旧产业的大衰退，而在未来世界，这个产业链将是一种政治与经济的结合，会涉及社会的方方面面。目前众筹快速地走向大众，如果你也想参与到众筹模式快速挺进的浪潮中来，在整个众筹产业链中，你可以参与到任何一环，为此也可能会获得意想不到的收获，这正是一个机会。

事实上，众筹逐渐成为初创企业主流融资渠道之一。创业公司依靠它获取启动资金，圆了创业者心中的梦想；大型企业也凭借它试探新兴产品的市场反应；而大型平台通常坐拥惊人的业务流量和风投的大额资金，这使得它们的市场影响力远远超过小型网站。

目前，各行业都在对众筹模式进行更加深入的探索，以实现通过众筹获得发展的愿望，很多人也在参与其中进行融资创业。基于众筹大背景和现实的需要，本书对众筹模式进行全新的透彻的解析，揭示众筹平台的奥秘，给出众筹实务操作方法与技巧，并对众筹诚信和众筹管理做深入探讨，以帮助企业和个人参与众筹，实现梦想。

编者

2017年5月

目录

些行业也因为众筹这种模式而衍生出了新型的生态，诸如房地产众筹、农业众筹、影视众筹、餐饮业众筹、出版业众筹、游戏行业众筹、科技项目众筹等。行业众筹方兴未艾，在这个众筹为王的时代，我们同样需要理解众筹与营销的关系。

第三章　股权众筹：我给你钱，你给我公司股份 / 059

股权众筹是当下众筹的主流模式，它是投资者对项目或公司进行投资，获得其一定比例的股权，也就是“我给你钱，你给我公司股份”。本章讨论了参与股权众筹需要了解的诸多事宜，诸如股权众筹三大运营模式，股权众筹主要法律风险及防范，等等。

第四章 捐赠众筹：我给你钱，你什么都不用给我 / 093

捐赠众筹即投资者对项目或公司进行无偿捐赠，也就是“我给你钱，你什么都不用给我”。支持者对某个项目的支持更多表现为重在参与的属性或精神层面的收获，其出资行为带有明显的捐赠和帮助的公益性质，因此它主要用于公益事业领域。本章主要讨论了捐赠众筹的四个议题。

第五章 奖励众筹：我给你钱，你给我产品或服务 / 105

奖励众筹即投资者对项目或公司进行投资，获得产品或服务，也就是“我给你钱，你给我产品或服务”。奖励众筹模式可以降低初创企业面临的消费者需求不足的风险，还可以在不付出企业股权的前提下建立起公司产品最早一批使用者的社区。为此，需要了解奖励众筹所涉及的领域、影响奖励众筹项目成功的因素等内容。

第六章 债权众筹：我给你钱，之后你还我本金和利息 / 117

债权众筹就是投资者对项目或公司进行投资，获得其一定比例的债权，未来获取利息收益并收回本金，也就是“我给你钱，之后你还我本金和利息”。这里讨论了债权众筹的五个议题。

第七章 平台奥秘：众筹平台运作模式 / 127

众筹平台利用互联网和SNS传播的特性，让小企业、艺术家或个人对公众展示他们的创意，争取大家的关注和支持，进而获得所需要的资金援助。用户的支持是众筹平台成功的关键，只有用户的支持，众筹平台才能形成影响力，真正实现价值。通过对国内知名众筹平台运作模式的介绍，我们可以了解到当用户浏览完这些众筹平台的项目后，众筹平台是如何帮助用户完成操作项目的。

第八章　实操指南：众筹融资操作实务与技巧 / 139

众筹融资有规则，要想融资成功，就需要遵循一定的操作原则和技巧。这里讨论了六个议题，相信这些讨论对众筹融资一定会有帮助。

第九章　众筹诚信：建立诚信机制，让众筹无失信之虞 / 155

众筹的发展如日中天，但是诚信问题成为众筹发展道路上遇到的一大难题。众筹金融发展，诚信是奠基石。互联网众筹市场的发展要做好诚信工作，建立诚信机制，才能让众筹无失信之虞，众筹发展的道路才能日益宽广。在这之中，法律支撑、透明保障和诚信体系是众筹金融乃至互联网金融发展的助力。

第一章

众筹时代：众筹模式日渐兴起

众筹即大众筹集，源自美国，是将项目或创意通过互联网向公众展示，争取公众的资金、人脉、管理智慧等参与。众筹是一种“1+1>2”的开放思维，众筹融资模式的日渐兴起，不仅吸引了众多专业投资人，更让普通大众有了参与融资、投资的机会。要想实现梦想，先从本章开始，了解众筹的起源与发展，了解众筹的特征、要素、类型、规则、优势，以及众筹背后的金融逻辑与核心逻辑。

众筹模式新解

ZHONGCHOU MOSHI XINJIE

众筹模式的起源与发展

众筹融资模式的诞生与发展有着深刻的经济、文化根源，是实体经济变革与金融服务变革共同的结果，也是“金融脱媒”的必然后果。众筹模式不但实现了资金从储蓄者向创业者、创意企业的低成本流动，也实现了投资人对创业的“精神追求”，代表着未来的发展方向。

1. 中西方传统众筹的起源

中国古代修建大寺庙，资金通常是由官方或贵人资助，而小寺庙的钱则由民间集资、化缘或做法事获得。这建庙筹钱的方式放在现在来看，和众筹有着异曲同工之妙。

对于中国古代众筹，北京大学光华管理学院曹凤岐教授表示，中国众筹的理念其实来自中国传统文化。他认为，众筹始于中国古代，并非西方，虽然规则不完全一样，但理念是类似的。曹教授解释说：“比如说农村婚丧嫁娶、盖房都是找朋友来帮忙的，人家帮了我，我也帮了人家，这就是一个众筹。另外比较典型的众筹就是我们的民间金融，比如标会，一个村的10个人要解决生活包括有些生产的问题，但是个人的资金很少，所以我们找10个人，每个人出5万元、10万元，就是一个会，而会员绝对是熟人，彼此认识和信任。你用三个月，我用三个月，有利息，然后大家再分红。这种中国民间众筹，有近2000年的历史，曾经一度，在银行不给贷款的情况下，浙江、福建的中小企业都是靠众筹发展起来的。后来这类民间众筹走向崩塌，是因为成了陌生人的众筹。”

由此看来，今天所说的“中国式众筹”虽然是一个创新的概念，但它依然是建立在中国传统文化基础上的众筹，即熟人经济、信用经济，因为中国传统文化最核心的思想就是人智一体。

众筹在中国有近2000年的历史，相比之下，在西方则有大概300年的历史。

1713年，英国诗人亚历山大·蒲柏着手将15693行的古希腊诗歌翻译成英语。在启动翻译计划之前，他承诺在完成翻译后向每位订阅者提供一本六卷四开本的早期英文版的《伊利亚特》，这一创造性的承诺带来了575名用户的支持，总共筹集了4000多几尼（旧时英国的黄金货币）去帮助他完成翻译工作，这些支持者（订阅者）的名字也被列在了早期翻译版的《伊利亚特》上。蒲柏因此获得荣誉与经济的双丰收，荣登英国桂冠诗人的宝座。这个项目表明众筹已初露端倪。

类似的众筹项目还发生在1783年。出生于神圣罗马帝国时期的欧洲古典主义音乐作曲家沃尔夫冈·阿玛多伊斯·莫扎特想要在维也纳音乐大厅表演最近谱写的3部钢琴协奏曲，当时他去邀请一些潜在的支持者，愿意向这些支持者提供手稿。第一次寻求赞助的工作并没有成功。在一年以后，当他再次发起“众筹”时，176名支持者才让他这个愿望得以实现，这些人的名字同样也被记录在协奏曲的手稿上。

1885年，诞生了一个最具影响力的众筹项目。为庆祝美国的百年诞辰，法国赠送给美国一座象征自由的罗马女神像，但是这座女神像没有基座，也就无法放置到纽约港口。《纽约世界报》的出版商约瑟夫·普利策为此发起了一个众筹项目，目的是筹集足够的资金建造这个基座。普利策把这个项目发布在了他的报纸上，然后承诺对出资者给予奖励：只要捐助1美元，就会得到一个6英寸的自由女神雕像；捐助5美元可以得到一个12英寸的雕像。项目最后得到了全世界各地共计超过12万人次的支持，筹集的总金额超过10万美元，为自由女神像顺利竣工做出了巨大贡献，《纽约世界报》和普利策为此赢得美国民众的尊敬和爱戴。

上述中西方众筹案例说明了众筹的悠久历史。这些案例同样说明了传统众筹的一些典型特点，比如：项目发起人具有较高的声誉或拥有较强的信息传播途径；投资兼具商业与慈善目的，既有预付费性质，又常带有资助和赞助性质等。

2. 互联网众筹的诞生与发展

美国纽约的网站Kickstarter是当今影响力最大的众筹网站，也被许多人认为是互联网众筹的起源。事实上，世界上最早建立的众筹网站是ArtistShare，于2001年开始运营，被称为“众筹金融的先锋”。这家最早的众筹平台主要面向音乐界的艺术家及其“粉丝”。艺术家通过该网站采用“粉丝”筹资的方式资助自己的项目，“粉丝”们把钱直接投给艺术家后可以观看唱片的录制过程。

2005年，ArtistShare“为富于创造力的艺术家服务的全新商业模式”受到广泛赞誉，它通过新颖的原创项目筹措渠道同时惠及艺术家和“粉丝”，并创造了一个坚定、忠诚的“粉丝”基地。同年，美国作曲家玛利亚·施奈德的《花园音乐会》成为格莱美历史上首张不通过零售店销售的获奖专辑。该专辑是ArtistShare的第一个“粉丝”筹资项目。施奈德因为该专辑获得4项格莱美提名，并最终荣获“最佳大爵士乐团专辑”奖。

在2005年之后，美国众筹平台如雨后春笋般出现，如Sellaband（2006）、SliceThePie（2007）、IndieGoGo（2008）、SpotUs（2008）、PledgeMusic（2009）和Kickstarter（2009）等。ArtistShare作为世界上首家互联网众筹平台，具有强大的示范作用，不仅深刻影响了美国音乐界，而且开启了互联网众筹时代。

这里值得一提的是，2012年，美国政府为了促进中小企业的发展，解决中小企业融资问题，颁布了初创企业促进法案（Jumpstart Our Business Startups Act，简称JOBS）。JOBS法案降低私人公司融资的规则限制，同时提高了私人公司成为公众公司需要强制公开披露的门槛。具体到股权众筹方面，JOBS法案要求股权众筹平台以“资金门户（Funding Portal）”的名义注册，而不要求平台是一个有资质的股票经纪商。同时，JOBS法案允许个人通过众筹平台进行投资。发行人可以在12个月内通过股权众筹筹集上限为100万美元的资金，而投资人可以在12个月内投资上限10万美元到股权众筹项目中。同时JOBS法案对信息披露提出了一些要求，比如筹资超过50万美元的发行人需要提供审计财务报表。JOBS法案出台后，给了股权众筹一个可以合法经营的空间。

我国众筹融资起步较晚，但发展迅速。众筹最早进入中国可以追溯到2011年，当时国内首家众筹网站“点名时间”成立，先后完成了《十万个冷笑话》《大鱼·海棠》等国内原创动漫作品的众筹项目，引起社会广泛关注。据不完全统计，至2014年12月，全国共有110家正常运营的众筹平台，其中，权益类众筹平台达75家，主要分布在北京、上海及广东、浙江等地，以及东部沿海地区，内陆地区分布较少；涉及科学、技术、影视、摄影、出版、人文、音乐、房产、农业、公益等多个领域，均获得了一定的成绩。

2014年，从国家层面要求建立资本市场小额再融资快速机制，并首次提出“开展股权众筹融资试点”。2015年，“开展股权众筹融资试点”被写入政府文件。因此，2015年被称为“股权众筹元年”。2016年，国家监管部门整顿市场，打击伪众筹、非法集资，为有利民生的真正众筹的成长保驾护航。

股权众筹在我国作为一个新生事物，站在了“大众创业、万众创新”的风口上，用互联网技术、众筹理念、大数据等新增长点为全民投资打开一个窗口。随着行业的发展和政策“靴子”的落地，股权众筹将会从生活服务、文化传媒、智能硬件和企业服务四大领域向外辐射，覆盖到其他行业和领域，为互联网金融、创业领域乃至产业升级和发展做出贡献。股权众筹刚刚开始，道路固然是曲折的，但未来一片光明。

总的来说，众筹从传统到现代，历经长时间的实践检验，现在已经成为人们投融资的一种重要方式。相对于传统众筹的融资方式，互联网时代开启的现代众筹更为开放，为更多小本经营或创业的人提供了无限的可能。

众筹的特征与构成要素

众筹是一种创新的互联网金融模式，具有普惠价值，拥有强大的爆发力及良好的前景。无论是企业还是个人，如果希望用众筹的方式将自己好的想法变成现实，让别人为自己的理想买单，就应该从了解众筹的特征和构成要素开始。

1. 众筹的特征

作为互联网金融的一个伟大创新，众筹表现出不同于其他投融资方式的低门槛、多样性、依靠大众力量、注重创意的特点。众筹的这些特点在表现形式上，反映出四个方面的特征。如表1–1所示。

表 1–1　众筹的特征

特征	释义
投融资全程互联网化	众筹融资过程中的项目发布、信息沟通、交易执行等环节都是在互联网上进行，基本不涉及线下的物理传递
投资人个人化、目标多元化且地理分布广	从投资者的类型来看，众筹融资的参与者主要为个人投资者；不同的投资者投资目标呈现多元化特征；支持者通常是普通的草根民众，而非公司、企业或是风险投资人；由于是网络平台的融资活动，打破了地理上的约束，地域分散但具有相同兴趣和偏好的投资人均可以参与到项目之中

续表

特征	释义
依托社交网络进行市场营销	资金募集人通过社交媒体接触在线社区中的成员，对其项目进行营销以获得捐献者或投资者。事实上，众筹活动的增长和成功，在很大程度上得益于融资活动与社交媒体的无缝整合
众筹项目多样化、创意性强	首先，发起众筹的项目涉及面广，涵盖设计、科技、音乐、影视、游戏等领域；其次，众筹项目拥有很强的创意性，由于众筹项目在发起之初就是为了将创意者的思想转化为实际产品，所以几乎所有众筹平台都强调项目的创意性

2. 众筹的构成要素

众筹主要有三大构成要素：一是有创造能力但缺乏资金的发起人，二是对发起人的故事和回报感兴趣且有能力支持的出资人，三是连接发起人和出资人的互联网终端平台。如表1–2所示。

表 1–2　众筹的三大构成要素与案例

要素	释义	案例
众筹项目发起人	发起人又称筹资人，通常是需要解决资金问题的创意者或小微企业的创业者，但也有个别企业为了加强用户的交流和体验。发起人必须具备一定的条件，如国籍、年龄、银行账户、资质和学历等，拥有对项目100%的自主权，不受控制，完全自主。在实现筹资目标的同时，强化众筹模式的市场调研、产品预售和宣传推广等延伸功能，以项目发起人的身份号召公众（潜在用户）介入产品的研发、试制和推广，以期获得更好的市场响应。项目发起人要与中介机构（众筹平台）签订合约，明确双方的权利和义务	央视制片人罗振宇于2013年发起的“知识众筹”，是当时令人瞩目的自媒体事件，也证明了众筹模式在内容生产和社群运营方面的潜力。其《罗辑思维》选题是专业的内容运营团队和热心的“罗粉”共同确定的。他认为个人读书再多积累毕竟有限，需要找来自不同领域的人一起完成。当时他发布了两次“史上最无理”的付费会员制：普通会员，会费200元；铁杆会员，会费1200元。买会员不保证任何权益，却筹集到了近千万元的会费。爱就投资，不爱就观望，大家愿意众筹养活一个自己喜欢的自媒体节目。罗振宇靠“粉丝”为他众筹来养活自己的节目。有人就这次众筹引发的影响认为，这是自媒体人给传统媒体人的一次警示

续表

要素	释义	案例
众筹项目出资人	出资人也称投资人，他们往往是数量庞大的互联网用户。他们利用在线支付方式对自己感兴趣的众筹创意项目进行投资，每个出资人都成为了“天使投资人”。由领投人先投资，跟投人出于对领投人的信任来进行投资。由于领投人资历与对行业有较成熟的判断，这也成为减少投资风险的方式之一。公众所投资的项目成功实现后，对于出资人的回报不是资金回报，而可能是一个产品样品，例如一块Pebble手表，也可能是一场演唱会的门票或是一张唱片。出资人资助创意者的过程就是其消费资金前移的过程，这既提高了生产和销售等环节的效率，生产出原本依靠传统投融资模式而无法推出的新产品，也满足了出资人作为用户的小众化、细致化和个性化消费需求	2013年10月，1898众筹咖啡馆成功开业，他们在众筹过程中确定了三条基本规则：一是等额返卡，即第一批出资人每人出资3万元，返还3万元的储值消费卡，第二批出资5万元返还5万元消费卡。只这一条就让大家觉得参与这个咖啡馆不吃亏，消除了许多人出资参与的顾虑。二是股份均等，即众筹组织中没有“老大”（大股东），保证了大家都是咖啡馆平等的主人，这种民主氛围充分调动了大家的主人翁精神和贡献力量的积极性。三是3年不倒闭，即使出现最糟糕的经营财务状况，仍然会保证咖啡馆3年不倒闭。3年以后，大家消费卡上的钱也花完了，即使那时咖啡馆关门，大家也都没有心理压力和负担。这几条简单规则的核心价值在于：使咖啡馆股东集投资者、消费者、推广者三种身份于一身，大家平等参与并积极地为组织贡献智慧、资源和力量，实现良好的预期管理和风险管控
互联网终端平台	互联网终端平台即众筹平台，是指连接筹资人和出资人的媒介，其主要职责是利用网络技术支持，根据相关法律法规，将项目发起人的创意和融资需求信息发布在虚拟空间里，供投资人选择，并在筹资成功后负有一定的监督义务	京东众筹于2014年7月上线，是继供应链金融、消费金融、支付业务及平台业务之后，京东金融推出的第五大业务板块。京东众筹在募资金额上独占鳌头，以1.47亿元的募资金额远远领先于其他平台，上线项目301个，显示出强劲的发展势头

在众筹操作过程的各个环节之中，上表中的各个构成要素相互作用，由此保证了众筹的成功。在这之中包含了众筹的基本规则，如项目

的预设时间、项目的回报原则与回报方式等。显然，参与众筹项目的发起者、投资者和支持者等各方，都应该遵循众筹的这个游戏规则。

众筹的基本类型与融资规则

作为筹措资金的一种手段，众筹现已演变为非营利性组织和初创企业为项目融资的一种机制，发挥的作用类似于天使投资。因此，众筹参与各方尤其是众筹项目发起者，有必要了解众筹的基本类型及其融资规则。

1. 国内众筹基本类型

国外众筹可以是投资行为，国内众筹目前只能是购买行为。按照回报方式的不同，国内众筹分为四类：股权众筹、债权众筹、回报众筹、捐赠众筹。如表1–3所示。

表 1–3 国内众筹四大类型

类型	含义
股权众筹	即投资者对项目或公司进行投资，获得其一定比例的股权。股权众筹并不是新奇的事物，投资者在新股IPO（首次公开募股）的时候去申购股票其实就是股权众筹的一种表现方式。但在互联网金融领域，股权众筹特指通过网络的较早期的私募股权投资，是VC（项目初期投资，和PE相对，PE解释为项目成熟期投资）的一个补充
债权众筹	即投资者对项目或公司进行投资，获得其一定比例的债权，未来获取利息收益并收回本金。债权众筹有两种：一种是P2P借贷平台，即多位投资者对人人贷网站上的项目进行投资，按投资比例获得债权，未来获取利息收益并收回本金。另一种是P2B，即企业债，企业向企业之间借贷。由于P2P在全球已经异常火爆，甚至有媒体报道P2P已经导致部分非洲国家的银行业务凋零，所以我们通常将P2P单独进行讨论，而众筹融资特指捐赠众筹、回报众筹和股权众筹三种类型，其中股权众筹为主流模式

续表

类型	含义
回报众筹	即投资者对项目或公司进行投资，获得产品或服务。回报众筹一般指的是预售类的众筹项目，团购自然包括在此范畴。但回报众筹与团购的目的不尽相同，回报众筹主要为了募集运营资金、测试需求，而团购主要是为了提高销售业绩。但两者在实际操作时并没有特别清晰的界限，通常团购网站也会搞类众筹的预售，众筹网站也会发起团购项目。举个例子，回报众筹平台之一众筹网在早前便推出过团购茅台的项目
捐赠众筹	即投资者对项目或公司进行无偿捐赠。红十字会这类NGO（国际公益组织）的在线捐款平台可以算是捐赠众筹的雏形：有需要的人由本人或他人提出申请，NGO做尽职调查，证实情况，NGO在网上发起项目，从公众募捐

上述四大众筹类型各有千秋，选择哪种类型，当然是适合自己的最好。众筹来袭，总有一款适合你！

2. 众筹融资规则

众筹融资需要遵循以下四项基本规则：一是筹资项目必须在发起人预设的时间内达到或超过目标金额才算成功。二是在设定天数内，达到或者超过目标金额，项目即成功，发起人可获得资金；筹资项目完成后，支持者将得到发起人预先承诺的回报，回报方式可以是实物，也可以是服务，如果项目筹资失败，那么已获资金全部退还支持者。三是众筹不是捐款，支持者的所有支持一定要设有相应的回报。四是第三方支付托管账户的钱将分批打入有限合伙企业或项目发起方公司的账户，每次打入需要经过所有投资人的同意。

需要说明的是，在熟悉上述四条基本规则后，众筹玩家还必须懂得游戏规则，在发起一个众筹项目前要弄清楚几个重要问题，了解众筹的相关流程，否则众筹难以成功，即便暂时成功，也会为将来埋下隐患。那么，发起众筹前需要弄清楚哪几个问题呢？

第一，众筹的本质和是目标什么？

很多人认为众筹就是简单的募集资金，把日常生活中的合伙甚至AA制也视作众筹，其实这都是不正确的。众筹虽然离不开钱，但是钱绝不是众筹的唯一要素，甚至在有些众筹中不是重要因素。究其实质，众筹是一种集资、众智以及众包的行为。另外，众筹必须合法。众筹与现行法律法规不能存在相抵融的行为。不碰触法律红线的众筹就是合法的，反之则为不合法的众筹。至于众筹的目标可分为以下几类：筹集资金；验证产品、锁定客户；筹集公益和责任；筹集人脉和圈子。

第二，选择适合自己的众筹模式。

根据众筹发起人给予参与人或投资人回报的类别，可以从以下五类中选择你的众筹模式：第一类，如果你希望的回报为股权，可选择股权类众筹。筹集资金以付出股权作为对价。第二类，如果你希望众筹的回报为金钱，可选择债权类众筹。付出高于募集资金的资金作为对价。第三类，如果无具体回报方式，则选择公益捐赠类众筹。第四类，如果以产品作为回报，则属于回报类众筹。第五类，如果希望以圈子人脉资源作为最重要的回报，则选择圈子众筹。在上述五类众筹模式中，第一类、第二类具有金融属性和功能，基于互联网而产生，属于典型的互联网金融模式之一。

第三，众筹实施的路径是怎样的？

根据众筹是否依靠第三方众筹平台，可以把众筹分为以下两类：第一类是平台式（线上）众筹，依靠独立的专门的众筹平台发起众筹。在该模式中众筹构造为发起人——众筹平台——参与人（投资人）。第二类是非平台式（线下）众筹，依靠SNS社交平台自行发起众筹。在该模式中众筹构造为发起人——社交平台——参与人（投资人）。

众筹商业模式的优势

中国有句俗语，“众人拾柴火焰高”。在互联网时代，这种东方智慧以“众筹”的形式应用于网络，展现出无穷魅力。

1. 降低融资门槛，促进微创业

微创业是指使用微小的成本，以微平台或网络平台为重要载体，在细微的领域进行创意开发的创业活动。其主要特点是可批量复制，投资微小，产生效益快。在目前金融管制的大背景下，民间融资渠道不畅、融资成本较高等问题阻碍了微创业的发展，而众筹则是一种更大众化的融资方式，它为微创业者提供了获得成本更低的、更快捷的资金的可能，可以很好地解决“融资难”问题。项目发起人通过众筹平台把大众的微小资金汇集超来，以获得从事某项创业活动的资金，突破了传统融资模式的束缚，每个投资人也可以参与项目的策划、咨询、管理与运营。这种依托众筹平台的微创业活动在实现了“众人集资、集思广益、风险共担”的众筹理念的同时，也积累了经验和人脉。

每天早晨，拉萨达兰客栈掌柜贾昱昊都会整理摆在大厅的书架，这个书架上摆满了来自天南海北的“微天使”寄来的装饰品。其中有积木玩具发起人寄来的玩具，有做饮料销售的员工邮寄的杯子，有家中从事灯饰生意的小姑娘送来的台灯。这些“废物利用”的装饰品源于贾昱昊在众筹网站“点名时间”上的号召——“一起来装饰我们的客栈”项目。这个项目发起时的募集目标只有1000元，可在短短60天内却得到了来自2995个人汇集的14.64万元和无数梦想建议，大大超过了他的预期。

贾昱昊以众筹的方式实施微创业，他的成功告诉我们：互联网的开放性特征，使得投资人不受地区、职业和年龄等限制，只要具有一定的资金能力、管理经验和专业技能即可。

2. 激发“草根”创新

互联网的技术特征和商业民主化进程决定了“草根”创新时代的到来，每个人都可以发挥自身的创新与研发能力，并借助社会资源把自己的创意变为现实的产品。众筹模式不仅是一种投融资活动，还作为一种创新模式，激发“草根”创新。

“花城一夜”是一个敢于面对真实自我的“70后”大男孩的网名，他学市场营销出身，走南闯北，有着丰富的人生经验。2009年初，身负十几万元的债务，万般走投无路之下，一位朋友伸出援手，意外地借给他5万元钱。他因此得以从花城广州，一路“溃逃”来到桂北小城阳朔。5万元钱能用作什么？用他的话说也只能开一家小旅馆了。没想到，这一开，他可能这辈子就解不开跟旅馆的缘分了。尽管自己并不喜欢这个行业，但是只要做了，就一定把它做好。为此，“花城一夜”转让了原有的旅馆，希望通过众筹的方式再开一家青年旅社。2013年2月初，“花城一夜”发完帖子之后，大量的豆瓣网名主动找上门来，仅4天时间就筹措了20几万元的资金，加之自己和朋友的20几万元，50几万元已经足够在阳朔开一家青年旅社了。很快，一家名叫“很多人”的众筹青年旅社诞生了。通过众筹，“很多人”遇上了很多人！

众筹模式为每个“草根”创新者提供了获取资金、市场和人脉等重要资源的平台，而不同的投资人因为有着不同的专业背景以及不同的价值观，他们可以直接对项目提出自己的观点和意见，项目发起人会对此认真评估并进一步完善方案。双方的互动拉近了生产者与消费者之间的距离，这种注重用户交流和体验的行为类似于“大规模定制”行为，极大地降低了产品的市场风险。

众筹商业模式还有很多优势，借助众筹平台，每个人都可以发挥自己的才能，实现个人梦想，众筹平台将会成为每个人的第二人生舞台，利用认知盈余开创人人时代。

众筹融资成功的关键

在过去，想要融资，就得跑断腿，就得有强大的人脉网。但在今天，人与人之间的联系便捷起来，初创公司不再求援无门，它们可以通过制作视频和社交媒体来做市场，来获得投资。众筹活动既要赶上时代潮流，也要融合传统手段，两者结合才会获得巨大成功。

1. 找准时机

时机错误，也会导致你的众筹失败。如何找准众筹时机呢？以下三条供参考：

第一，你开启众筹的那段时间，最好是大家手里有余钱，并且愿意拿出来投资的时候。

第二，假期是零售商和大牌企业向大众推广产品的时候，因此众筹项目应该避开这段时间。

第三，如果项目目标市场是美国，可以试着选择纳税季结束的日子，因为这段时间大家都拿到了自己的退税，这个时候众筹，会得到更多的投资者。

2. 制作一个博眼球的视频

宣传视频的好坏有时候会直接左右众筹的成败，这一点可能会让很多人望而却步。不过我们可以参考成功众筹视频，研究其是怎样展示产品的。总结成功众筹视频的经营，其要点有以下四个方面。如表1-4所示。

表 1-4 众筹视频制作要点

要点	实操要领
必须在视频的前5秒吸引住观众	不同类型的项目吸引观众的方式不同，但原则是一致的——快速吸引观众。比如，成功的游戏项目众筹视频其开头会将观众吸引进游戏，让观众迅速沉浸于游戏中；硬件项目的众筹视频要将十分新奇的点子以引人入胜而又简洁的方式呈现出来，并迅速地告诉人们产品是干什么的
视频必须讲你的故事	如果你希望做一个成功的众筹，就必须和观众取得联系，让观众了解你，了解你的梦想、你项目的状态以及他们的支持能带来什么。如果没有这些元素，那么项目失败的概率会大增
简化想法	每一个成功的视频都向他人传递了简单的、易懂的、易传播的信息。因此要简化你的点子，然后再进一步简化。切忌在视频一开始就传递复杂、难懂的信息
项目发起者必须要真诚而可靠	在每个成功的视频里，创业者看上去都非常真诚而可靠，因而人们会对他们有所期待。所有成功的创业者都表现出真诚地感激给予地帮助的人，而失败的创始人则做不到这一点

如果你能制作一段真正遵守以上四点原则的视频，那么你就很有可能众筹成功。

3. 和投资者沟通

在众筹的世界里，用合适的方式和投资者保持联系非常重要。众筹活动本质上就意味着你不可能和投资者面对面，而作为一个投资者，他们总是更乐于亲眼见到投资对象，并亲耳听听你想怎么花他们的钱。他们对“光打雷不下雨”的品牌轰炸会产生厌倦，这时候你要让你的投资者看到进展，让他们知道他们的钱没有打水漂。他们需要知道你的承诺，一定很快就能兑现。

如果可能，不仅要让投资者看到进展，还要让他们参与进来。社交媒体就是个好地方，你可以在上面发帖，和“粉丝”互动。还有一个好办法就是亲自见见他们。你不可能去见每一个人，但是一个见面会、一次面对面的产品展示，都会提升投资者对你的信心。面对面的交流非常重要，这会给投资者更多的安全感，他们都希望自己的声音被倾听，你给他们越多说话的机会，他们就会跟你的产品产生越强的联系，并且会自动自发地向周围的人推荐你。

4. 令人振奋的投资者回报

对参与众筹的投资者给予可观的回报是项目成功的重要因素！为了刺激大家投资，众筹活动往往会给那些慷慨的投资者大笔的“好处”。但是，如果没有把这些“好处”计入总体预算，众筹就会弊大于利。你总不会希望公司还没起步就破产吧？或者说更糟糕的，你最终有了非常棒的产品，却没钱做市场了。

传统的投资奖励会根据投资回报来计算，这个投资回报基于公司长期目标。做众筹要有商业头脑，你需要知道哪个点数可以保本，哪一点上可以赢利。一些奖励金额差距仅仅几十元，看上去微不足道，但会决定你的业务能不能稳步向前，能不能持续增长。

5. 定期更新项目信息

定期更新项目信息，一是为了让支持者安心，进一步参与到众筹项目中，二是在鼓励他们向潜在的支持者宣传自己的项目，获得更多的支持。

6. 鸣谢支持者

在整个项目中，要给投资者发送邮件或者在众筹融资的个人页面中公开答谢他们，一是让投资者有被重视的感觉，二是能让投资者感受到项目发起人良好的品德，以后会给予更大的支持。

以上是众筹项目获得成功的关键，但是项目要做得成功还需要发起人的努力，用心创作。商业世界变化莫测，要跟上不断变化的环境，就要不断创新，但这并不意味着摒弃传统策略。从基础着眼，会让你的众筹如虎添翼，在竞争者中脱颖而出，提高众筹成功率，从而加速公司业务增长。

众筹模式背后的金融逻辑

梦想可能离你很远，众筹其实离你很近。众筹是一种生活方式的改变，会给普通人带去实现梦想的机会。众筹之所以能够缩短梦想与现实的距离，正是因为其背后的金融逻辑。

1. 打造参与者多赢的新模式

按照美国法案中的解释，众筹就是融资者借助互联网上的众筹融资平台，为其项目向投资者广泛融资；而每位投资者通过少量的投资金额从融资者那里获得实物或者股权回报。与微型金融一样，众筹首先也是一种融资活动。但是，又与众包相似，在相当一部分众筹活动中，投资者不仅为项目进行融资，而且还积极参与项目实施，为其出谋划策。

天娱传媒于2013年“2013快乐男声”决战的当天宣布，如果“粉丝”们想在大银幕上看到“快男”的纪录片，就要在20天凑满500万元。随后，这一项目被挂到了众筹网上。到了2013年10月19日，距离项目截止还有24小时，该众筹项目就已经募得超过500万元的电影预售票房。超过2.8万名投资者，不但为项目融资，更为电影的顺利上线献计献策。这在当时国内影视类“众筹”活动中是做得最大的一次。

虽然同属融资活动，但是众筹模式在很多方面与天使投资、风险投资等不同。参与众筹的融资者其目标往往是多重的，不仅仅限于简单的融资，还常常通过众筹获得外部资源在技术和管理经验上的帮助，使产品更好地适应市场需求。投资者参与众筹的目标也是多种多样的，有的是完全把其当作一种慈善行为，并不要求任何回报；有的是通过与融资者的积极互动，享受参与创新的过程；还有的是为了获得经济上的回报，如以较低的价格获得产品，或通过股权方式共享项目成功后的回报。可以说，众筹更倾向于构建多赢的局面。

2. 众筹具有明显的金融优势

近年来，全球众筹融资模式发展迅速，而在沉稳发展的背后，则是众筹模式特有的金融优势：

第一，与P2P投入小、短期收益快相比，众筹模式需要较长时间的酝酿和培育，需要静下心的沉淀，然后获得高的收益；而在我国普遍浮躁的金融环境里，更需要这种沉稳的模式。

第二，众筹作为一个融资平台，它的灵活性要比P2P大。它可以做实际物品，也可以做股权、债权。

第三，众筹模式对项目信息公开做得非常细致，商业模式也要求非常清晰，才有可能在市场进行募集。正因为如此，众筹项目不容易通过设置虚假标的物来套取资金，这也保证了投资者的安全性。

3. 众筹金融逻辑下的中国众筹

虽然众筹在我国刚刚生根发芽，但是其沉稳的金融逻辑更适合我国“草根”融资者的需求。据世界银行发布的众筹报告称，中国将是全球最大的众筹市场，预计规模会超过500亿美元。

在我国，解决中小企业融资难和促进民间融资合法化、正规化一直是金融改革的热点，众筹融资模式无疑为这两大难题的解决提供了一种新的思路。未来监管层可能在我国部分地区进行试点，引导民间资本通过众筹的方式为中小企业尤其是创业企业融资。更重要的是，通过众筹模式为该类企业的发展提供技术和管理经验上的支持。比如股权众筹，它是聚合大众的力量，使每个人都可以投资感兴趣的项目，获得初创公司的股权，分享它的成长；同时帮助初创企业解决融资难的问题。

我国的互联网发展了十几年，在这期间诞生了行业的诸多传奇和“大佬”。作为互联网经济的第二轮发展高峰，互联网金融无疑是处于风口浪尖上的明星。我们有理由相信：在未来不久的时间内，我国众筹领域必将会诞生出一个或几个世界级别的明星企业来。

众筹核心逻辑是创造价值

众筹商业模式完全符合企业价值创造的核心逻辑，即价值发现（筹资人和出资人的投融资需求）、价值匹配（与商业伙伴的合作）、价值获取（与筹资人分成获利）。同其他商业模式一样，众筹商业模式的核心逻辑是创造价值，该逻辑性主要表现在层层递进的三个层面，即价值发现、价值匹配和价值获取。

1. 众筹核心逻辑之价值发现

在实施众筹商业模式过程中，若绕开价值发现的思维过程，就会陷入“供给决定需求”的片面思维和错误逻辑。因此，需要通过可行性分析，企业所认定的创新产品、技术或服务只是创业的手段，最终是否能够赢利取决于是否拥有顾客。在对创业机会、创新产品和技术识别的基础上，进一步明确和细化顾客的价值存在，确定价值主题，这是众筹商业模式成功的关键环节。

当前，大众力量推动商业已成为了一种趋势，商业民主化的后果是“草根”公众投资人将更多地介入个人或企业的创业过程，他们渴望成为该过程的参与者甚至是主导者，而不再只是旁观者。富有创造力的创业者们的融资需求迫切，想绕开中间商的盘剥并更多地与大众接触，但又缺乏推广渠道，即公众投资者存在投资需求，而创业者存在融资需求并寻找价值观的认同，发现并能满足双方需求的正是众筹平台，他们运用各种互联网工具在创业者和大众之间建起了桥梁。

2. 众筹核心逻辑之价值匹配

众筹平台不可能拥有满足顾客需求的所有资源和能力，即使亲自打造和构建所需要的所有资源和能力，也常常面临很高的成本和风险。因此，为了在机会窗口内取得先发优势，并最大限度地控制风险和成本，众筹平台往往要和其他企业形成合作关系，通过价值匹配，实现商业模式的有效运作。

众筹平台的主要功能包括项目审核、平台搭建、营销推广、产品包装和销售渠道等。众筹平台应围绕其所掌握的核心能力和关键资源开展业务，才能节约成本、提高效率以及改善市场进入速度，并最终建立自己的竞争优势。如众筹平台可以将核实发起人身份、调查完成项目能力、制作推广计划、网站设计和维护等专业性和独特性较高的环节作为自己的核心业务开展，并提供差异化服务，把对构建竞争优势不太重要的其他业务外包给合作伙伴，与合作伙伴实现资源、要素和竞争力的优势互补，从而降低总成本、增加超额利润并提高企业的敏捷性和柔韧性，最终建立以众筹平台为中心的价值网络。

3. 众筹核心逻辑之价值获取

制定竞争策略，占有创新价值，这是价值创造的目标，是众筹商业模式的核心逻辑之一，也是众筹平台能够生存并获取竞争优势的关键。一些众筹平台是众筹商业模式的开拓者，但并不是创新利益的占有者，根本原因在于他们忽视了对创新价值的获取。

价值获取的途径主要有两个方面：一是众筹平台要担当价值链中的核心角色。价值链中的每项价值活动的增值空间都是不同的，众筹平台若能通过利用自己的核心资源，占有增值空间较大的价值活动（具有核心竞争力且难以被模仿和复制的价值活动），也就占有了整个价值链价值创造的较大比例，这直接影响到创新价值的获取。二是众筹平台要设计难以复制的商业模式并对商业模式的细节采取最大限度的保密。这要求众筹平台尽可能地构建独特的企业文化，设计具有高度适应能力的组织结构，组织高效标准化的团队，实现优秀的成本控制。

从上可知，众筹的核心逻辑是靠众筹平台来演绎的，可以说众筹平台承载着众筹发起者和众筹投资者及其他参与者的梦想，肩负着发展中国经济的使命。在“大众创业，万众创新”的时代，众筹平台可谓任重而道远！

第二章

众筹为王：行业众筹方兴未艾

众筹这种新型的创业融资方式在改变我们的生活，而与此同时，一些行业也因为众筹这种模式而衍生出了新型的生态，诸如房地产众筹、农业众筹、影视众筹、餐饮业众筹、出版业众筹、游戏行业众筹、科技项目众筹等。行业众筹方兴未艾，在这个众筹为王的时代，我们同样需要理解众筹与营销的关系。

众筹模式新解

ZHONGCHOU MOSHI XINJIE

盘点颠覆行业的众筹案例

众筹模式悄然间改变了很多行业，使众筹这种模式衍生出了新型的生态，比如罗振宇用众筹模式改变了媒体形态、李善友用众筹模式改变创业教育、乐视用众筹开创了企业利用众筹营销的先河、蚂蚁T恤利用众筹模式让转行创业成真。在这些项目中，越是创新的形态，越能体现出众筹的颠覆性力量。

1. 罗振宇用众筹模式改变了媒体形态

2013年众人瞩目的自媒体事件，也似乎在证明众筹模式在内容生产和社群运营方面的潜力，这就是《罗辑思维》。《罗辑思维》发布了两次“史上最无理”的付费会员制：普通会员，会费200元；铁杆会员，会费1200元。买会员不保证任何权益，却筹集到了近千万元会费。爱就投资，不爱就观望，大家愿意众筹养活一个自己喜欢的自媒体节目；而《罗辑思维》的选题，是专业的内容运营团队和热心的“罗粉”共同确定，用的是“知识众筹”，主讲人罗振宇说过，自己读书再多积累毕竟有限，需要找来自不同领域的人一起完成。众筹参与者名曰“知识助理”，为《罗辑思维》每周五的视频节目策划选题，由罗振宇来讲。一位中国人民大学的学生因为对历史研究透彻，罗振宇在视频中多次提及，也小火了一把。要知道，目前《罗辑思维》的微信“粉丝”达150余万人，每期视频点击量均过百万。

罗振宇以前是央视制片人，正是想摆脱传统媒体的层层审批而离开电视台，做起自己的自媒体。靠“粉丝”为他众筹来养活自己，并且过得非常不错。这是自媒体人给传统媒体人的一次警示。

2. 李善友用众筹模式改变创业教育

2014年年初，中欧商学院教授、酷六创始人李善友，开启了一场用众筹改变商学院和创业教育的实验。他的招生计划中明确要求，10名学员的学费，必须一半自筹、一半众筹。泡否科技马佳佳、雕爷孟醒、《罗辑思维》出品人申音等报名学员通过各种社交媒体，阐述众筹理由，而众筹的参与者，将获得学员面授交流的机会。

这场众筹游戏，让其他几家国内一线商学院感受到了压力：中欧在社交媒体上的曝光在短时间内急剧放大，中欧的课程也从墙内走向了墙外，获得了更广泛的认知。

3. 乐视用众筹开创了企业利用众筹营销的先河

国内知名视频网站乐视网牵手众筹网发起世界杯互联网体育季活动，并上线首个众筹项目——“我签C罗你做主”，只要在规定期限内，集齐1万人支持（每人投资1元），项目就宣告成功，乐视网就会签约C罗作为世界杯代言人。届时，所有支持者也会成为乐视网免费会员，并有机会参与一系列的后续活动。这可能是国内第一次用众筹方式邀请明星。

这次众筹项目的意义在于开创了企业利用众筹模式进行营销的先河。首先，利用了众筹模式潜在的用户调研功能。乐视网此次敢于发布签约C罗的项目，相信乐视网早已准备好了要跟C罗签约世界杯，通过此次与众筹网联合，可以让乐视网在正式签约之前，进行一次用户调研。其次，乐视网通过与众筹网的联合，给签约C罗代言世界杯活动进行了预热。乐视网充分利用了众筹潜在的社交和媒体属性，在世界杯还没到来的时候就做出了充分的预热。最后，乐视网可以接触此次活动拉动世界杯的收视，并且为正式签约C罗之后的活动积累用户。

4. 蚂蚁T恤利用众筹模式让转行创业成真

这是一个完完全全的为了梦想不顾一切向前冲的故事，众筹模式恰好在对的时间提供了帮助。一位做了5年技术的程序员，因为一直忘不了自己想做“最极致T恤”的梦想，进而在5年赚到一定启动资金之后，利用众筹模式，在众筹网发起“以蚂蚁故事为主题的T恤”项目，迅速得到了大家的喜爱。此项目的原定计划是筹集到8000元资金，没有想到在项目发起的短短几天内，这个目标就超额完成，而现在这个项目也在以飞快的速度吸引着众筹用户的关注。有了这次众筹成功，相信在未来这个“以蚂蚁故事为主题的T恤”一定可以获得更大的发展。

转行创业对于很多人来说都非常难，但众筹模式让创业的门槛变得更低。只要你的想法能够得到大家的认同，那么你既可以得到大家共同支持的项目启动资金，同时还可以积累到初始用户。这个励志程序员的众筹故事让转行创业的梦想变成了现实，这一定会激励那些有类似想法的人去勇于实现这个项目。

上述案例以不同的方式说明了同一个事实：社交媒体时代，众筹模式因为其本身所蕴含的艺术和梦想的气质给我们提供了太多的想象空间，更多的人会为了自己的喜好而不是利益来买单，因此大家不妨找一找身边是否有适合的项目，来探索更多更新颖的众筹模式。

中国房地产众筹现有的运作方法

房地产企业借助房地产众筹平台，不仅可以为项目开发建设环节筹集资金，也可以为企业运营、销售、服务环节提供支持，促进项目“去化”，还可以为投资者丰富投资品种，使其在主动参与、高度知情的基础上增加投资收益。

1. 房地产众筹的运作方法

据不完全统计，从2014年6月至2015年8月间，国内由知名房地产企业或互联网巨头发起的房地产众筹项目不下20个，其标的种类、参与方式、筹资规模不尽相同，可谓“乱花渐欲迷人眼”。房地产众筹类型主要有以下四种：

（1）融资开发型众筹

此类房地产众筹的特点是开发商以获得开发建设资金为目的，投资者主要以获得房屋产权为目的。具体又可以细分为两个子类：定向类与非定向类。如表2–1所示。

表 2–1 融资开发型众筹的两个子类

子类	特点
定向类	此类众筹面向特定合作投资者，典型案例是石家庄众美城定制，特点如下：第一，通常是在立项或者拿地之前进行。为减少拿地及后期销售的不确定性，开发商对合作单位一般有较为苛刻的筛选条件，要求合作单位对定向拿地具有一定影响力，且有一定数量的员工有购房需求。第二，一般以较大的房价折扣作为投资者的收益保障，但要求投资者需在拿地前支付全部购房款，开发商在这一过程中仅获得管理收益。第三，优势在于在拿地前便完成认筹，且众筹资金额度大，大幅降低了开发商在开发建设过程中自有资金的投入。第四，开发商能否拿到地以及能以什么价格拿到地，开发商的专业能力、成本把控能力、资金实力等都存在不确定性。如果开发商投入过低，高度依赖众筹投资，则风险控制难以保证，风险最终就会全部转嫁给众筹参与者
非定向类	此类众筹面向公众投资者，典型案例是平安好房—碧桂园众筹，特点如下：第一，通常在项目拿地后建设前进行，为项目建设阶段提供低成本资金，达到降低项目负债率的目的，同时也有利于提前锁定一批购房意向人群。通常适用于区域房价上涨预期与资金成本不匹配，项目利润不足以覆盖银行贷款、信托等传统融资方式的资金成本的情况。第二，参与门槛一般较高，且需要投资者在预售前支付所有房款。第三，将众

续表

子类	特点
非定向类	筹项目包装为保险、债券等金融产品，通过产品设计，避免投资者与开发商直接接触，规避集资建房的法律风险。第四，投资者的收益主要体现在前期众筹的标的价格将远低于楼盘的销售价格，房价折扣一般基本保持在年化收益率10%左右，价差成为其主要获利渠道。第五，开发商虽然在销售价格上有所让利，但通过众筹降低融资、销售等环节的成本，从而获得收益，并实现了对购房客户的提前锁定

（2）营销推广型众筹

此类房地产（专题阅读）众筹的特点是开发商以项目“去化”为目的，投资者主要以获得房屋产权为目的。具体又可以细分为五个子类：预先团购式、团购式、抽奖式、彩票式和拍卖式。如表2–2所示。

表 2–2　营销推广型众筹的五个子类

子类	特点及典型案例
预先团购式	此类众筹一般在项目预售前进行。参与者筹得的只是享受优惠购房资格的“期权”，只有等到项目符合房屋预售条件时，才有权行使期权，缴足房款，以优惠的价格获得房屋产权。参与门槛较高，开发商一般会承诺“基本收益率+购房优惠价格”的收益，众筹期间一般会设置一定时间的锁定期，锁定期内参与者不得申请退出。典型案例包括平安好房—北部万科城众筹、当代北辰COCO MOMA众筹、华远地产—诺亚员工宝
团购式	此类众筹项目涉及的房产均为现房，因而与一般的商品促销和消费团购没有太大区别。典型案例是京东—远洋5000元筹折扣房
抽奖式	此类众筹属于以蓄客为目的、在项目获得预售证后进行的营销活动。参与门槛一般较低，通过抽奖可能产生高收益回报，鼓励尽量多的投资者参与，从而达到扩大活动影响、炒热楼盘的目的。周期通常较短。未中奖的参与者既无损失也无收益。典型案例是京东—远洋1.1折购房
彩票式	此类众筹属于以蓄客为目的、在项目获得预售证后进行的营销活动。参与门槛一般较低，通过类似彩票方式可能获得高收益回报，鼓励尽量多的投资者参与，从而达到扩大活动影响、炒热楼盘的目的。周期通常较短。未中奖的参与者可能付出一定的沉没成本（相当于彩票的费用）。典型案例是京东—远洋11元筹首付

续表

子类	特点及典型案例
拍卖式	此类众筹属于以蓄客为目的、在项目获得预售证后进行的营销活动，并且通过投资者竞价的方式，探寻市场对项目定价的接受程度。参与门槛一般较低，通过拍卖、高收益率等形式，鼓励尽量多的投资者参与，从而达到扩大活动影响、炒热楼盘的目的。周期通常较短。所有参与者均可获得收益（优惠购房折让或拍卖收益分成）。典型案例是苏州万科城100平方米全装三房众筹

（3）开发理财型众筹

此类房地产众筹的特点是开发商主要以获得开发建设资金为目的，投资者主要以获得投资理财收益为目的。目前市场上的案例并不多见，以万达的“稳赚一号”为典型。

此类众筹实际上与REITs（房地产信托投资基金）类似，只不过用众筹的名义来发售，降低单个投资者的投资额度，并达到拓宽开发建设资金来源的目的，有助于实现开发商的轻资产运营。此类众筹要求开发商的项目从前期规划，到开发建设，再到招商运营的一整套商业模式得到投资者的高度认可，通常门槛较高，持有期较长，一般要3年以上。

租金、税收等制度上的缺陷从根本上决定了此类众筹模式目前在国内尚无法大规模铺开。现有案例必须依靠开发商的价格折让来实现众筹的高收益，依靠开发商的回购保证来降低投资风险。

（4）运营理财型众筹

此类房地产众筹的特点是开发商主要以项目“去化”为目的，投资者主要以获得投资理财收益为目的。目前市场上案例较多，包括房宝宝—中信御园众筹（以别墅为基础资产）、平安好房—海外房产众筹（以海外公寓为基础资产）、中信台达国际酒店式公寓众筹（以酒店式公寓为基础资产）和武汉绿地中心606项目众筹（以摩天大楼为基础资产）。

运营理财型众筹实质上是准REITs产品，通过众筹实现多人持有一个物业产品，降低单个投资者的投资额度，达到促进销售“去化”、改善项目现金流的目的。此类众筹一般的模式是，在众筹成功后，所有投资者将组建成立资产管理公司，由资产管理公司整体购买物业，并委托物业管理公司等进行管理运营；投资者通过金融产品持有物业相应权益，获得租金收益以及持有期内的物业增值价值；开发商以较高的销售价格获得现金，同时收取长期的资产管理费用。此类众筹通常门槛较高，持有期较长，一般要2年以上。

运营理财型众筹和开发理财型众筹一样，制度上的缺陷决定了这种模式目前在国内尚无法大规模铺开。现有案例必须依靠开发商的价格折让来实现众筹的高收益。选择优质基础资产是此类众筹成功的关键。

2. 房地产众筹四种类型比较

下面，我们不妨将上述四类房地产众筹从资产性质、筹资规模、项目所处阶段、投资期限、参与者收益和融资实质等方面进行汇总比较。如表2–3所示。

上述四类房地产众筹的发展潜力不尽相同。融资开发型众筹很可能颠覆传统的房地产开发模式，成为一种商业创新模式，但同时也面临着会违反房地产传统审批流程规定。此类众筹模式有可能成为部分房地产企业向轻资产运营转型的实施路径。营销推广型众筹并没有触及到众筹融资的实质，难以成为房地产众筹未来的主流模式，但在现阶段房地产销售低迷的背景下可以获得营销“去化”的良好效果，而且易于操作，受到消费者关注度高。既然是营销手段，可以预见，这一类型的房地产众筹将趋向娱乐化，包装和宣传至关重要，项目发起方要学会讲有意思的故事。开发理财型众筹和运营理财型众筹在商业模式上具有创新性和合理性，有可能成为未来房地产众筹发展的主流，但面临较大的市场风

表 2-3 房地产众筹四种类型比较

分类		案例	项目资产性质	筹资规模	项目所处阶设	投资期限	参与者收益	融资实质
融资开发型众筹	定向类	石家庄众美城	住宅	6.33亿元	拿地前	–	低房价	预售房款
	非定向类	平安好房—碧桂园	住宅	–	拿地前建设前	–	低房价	预售房款
营销推广型众筹	预先团购式	平安好房—万科城	住宅	1500万元	预售许可前	10个月	优先选房权+13%的优惠购房权或3%的年化收益	预售房款
		COCO MOMA	住宅	2450万元	预售许可前	–	优先选房权+优惠购房权+5%年化收益或活期存款利率收益	预售房款
		华远—诺亚员工宝	住宅	–	预售许可前	6个月	6%的年化收益+8.8~9折的购房优惠	预售房款
	团购式	京东—远洋筹折扣房	住宅	1000万元	预售许可后	–	最高10个点的买房折扣	非融资
	抽奖式	京东一远洋1.1折购房	住宅	–	预售许可后	–	抽中者支付11元就可1.1折购房	非融资
	彩票式	京东—远洋筹首付	住宅	–	预售许可后	–	中奖者获得20万元首付款	非融资

续表

分类		案例	项目资产性质	筹资规模	项目所处阶设	投资期限	参与者收益	融资实质
	拍卖式	苏州万科城全装三房	住宅	54万元	预售许可后	–	折扣购房权或拍卖溢价	非融资
开发理财型众筹		万达“稳赚一号”	商业物业	50亿元	拿地后建设前	不超过7年	租金年化收益率6%+物业增值年化收益率6%	类REITs（名股实债）
运营理财型众筹	别墅	房宝宝—中信御园	别墅	1491万元	预售许可后	2个月	物业增价年化收益40%	准REITs
	海外公寓	平安好房—海外房产	海外公寓	100万美元	运营期	3年	5%租金回报率+物业增值收益	准REITs
	酒店式公寓	中信台达国际酒店式公寓	酒店式公寓	388万元	运营期	2年	88折优惠购房权+7%的年化租金收益+免费入住权+物业增值收益	准REITs
	摩天大楼	武汉绿地中心606	摩天大楼	1亿元	运营期	1年半	物业增值收益	准REITs

险和监管风险，法律上的合规性仍值得探讨。随着政府对相关法律法规的进一步规范明确、在税收政策上给予支持以及房地产企业商业运营模式的逐步成熟完善，这两类众筹未来有望获得更大的发展空间。

值得一提的是，由于房地产众筹刚刚起步，法律法规尚不完善，存在与非法集资混淆、与《证券法》《公司法》等冲突的风险，这也加大了房地产众筹的发展难度，要求对房地产众筹的设计及实施更加谨慎，给创新加上一个保险绳。我们相信，随着互联网精神的不断渗透，开发商对互联网金融的理解与应用更加深入，房地产众筹未来也势必会衍生出更多更新更有创意的运作方法。

农业众筹，你知道要怎么运作吗

在农业领域，众筹的目的就是将“三农”优质项目推向互联网金融机构，以“互联网+金融”模式，打通农民融资难的“最后一公里”，达到“三农”产品“去中间化，直达城市消费”的目的。

农业众筹，筹的是什么？是筹产品、筹技术、筹公益、筹土地、筹农场、筹股权、筹乡村旅游……，只要你能想得到。一半是传统，一半是革新。

1. 农业众筹四大运作方法

农业众筹究竟该怎么运作？下面为你揭秘四大运作方法。

（1）农产品众筹

目前农业众筹大多数为农产品的预售项目，这是目前火热的众筹模式。

“本来生活”与众筹网联合推出的“尝鲜众筹”，它们众筹的项目是延安宜川红富士，在选择品类上，“本来生活”可谓独具匠心：第一，苹果的受众面极为广泛，可以说不吃苹果的是小众。第二，我们知道，山东、辽宁、河北及北京的红富士对于北上广尤其是北京来说，早已司空见惯，完全不算是特产了，而它们主打的“北纬35° 海拔1000米”的延安宜川红富士是一线城市较为少见的苹果，有足够的吸引力。不过由于众筹网的风格和创意属性，“尝鲜众筹”并不适宜众筹网，并且农产品生产链长，具有极大的不可控性，后续服务无法保证。经过几次尝试后，众筹网在自己的项目发起规范中不允许发布的项目第一项就是食品、农产品、酒类项目。农业众筹网站“大家种”则不同，它弱化了创意和情感属性，而是还原了农产品原汁原味的属性，不讲故事、不凸显创意，只是强调F2F（家庭直达农场）这一特点，让城市消费者与新农人之间进行无缝对接。

以上都是消费型众筹，农产品众筹还可以是股权型的，现在很多新农人正在酝酿各种创新型的农产品众筹形式，比如端午众筹一个粽子品牌，集合众人的资金然后回报股权，炒概念玩花样层出不穷。

农产品具有滞后性，相较于其他产品，产品周期较长，客单价较低，保值期短，种植户还要承受灾害风险和市场风险。众多因素杂糅在一起，使得农业融入新模式的阻力也越大，但已是未来发展的趋势。

（2）农业技术众筹

国内的农业技术还不成熟，目前国内可以考虑以下几种农业技术的众筹：增产技术、种植技术、有机化肥农药技术与农业信息化。如表2–4所示。

表 2–4　农业技术众筹方向

方向	实操指南
增产技术	类似于杂交水稻的增产技术，粮食在整个世界都占据重要位置，粮食增产技术当然也格外受到青睐

续表

方向	实操指南
种植技术	类似于引种蓝莓等新型农作物的种植技术，这项技术的价值点在于该农作物被世界公认为有价值并具有极大的稀缺性，通过该项引种技术可以解决稀缺性问题
有机化肥农药技术	随着有机食品的热度逐渐升温，围绕着有机会形成一条系统的产业链，有机化肥农药技术中哪一个不可替代的环节都是值得投资的
农业信息化	农业物联网业已兴起，农业信息技术会越来越普及，智慧农业、大数据农业指日可待

（3）农场众筹

农场作为项目的发起方，在相关的网站上发起一个项目，让大家先众筹资金，然后农场根据需求进行种植，等农产品成熟了，再直接送到用户的手里。

由安徽农民、“聚土地”团队和阿里巴巴“聚划算”平台等联合推出的“首个互联网定制私人农场”开始启动，这一投资项目被称为“耕地宝”。该项目上线仅几天时间，就有来自江浙沪皖京等地的3560名投资者认购了土地。认购面积430余亩，项目销售额200余万元，大大超出500个客户的预期目标。根据投资者定制的要求，聚土地团队与绩溪县瀛洲镇、伏岭镇等地的近300户农户签订了土地流转合同，流转费用每年每亩大约800元，期限一年。其中，流转的土地很多笔仅为几分地。

这是一种新型的理财投资模式，不仅给投资理财者带来了福音，更开通了一个理财新渠道。耕地宝是将百姓手中的“散钱”聚合起来进行再投资，投资者不仅可获得私人农场一年四季的无公害蔬菜，还可获得去当地旅游的免费门票和住宿等。耕地宝发挥了电商对生产要素的聚合效应，可以扩大农业投资。利用互联网思维来经营农业，把小钱聚集成大钱来投入农业，将对传统农业产生影响。

通过农场众筹方式，投资人可以定制自己的农产品，当“农场主”。另外，自己是股东之一，自己监督参与整个过程，所以可以充分保证农产品的品质。同时，对于“农场主”们来说，确实是一种全新的经济收益方式。投资者参与到食物生产种植的全过程，吃到更放心、更新鲜的瓜果蔬菜，这是农业众筹给消费者带来的福利；根据订单决定生产，消除中间过多的环节，也更加直接、便利。所以说，农业众筹正试图给传统农业链条的环节重新排序。

（4）公益众筹

这种众筹模式在农业方向上实际上有更大的需要，农业也需要“希望工程”，比如西北治沙、农村建设等通过公益众筹可以使社会资源得到更有效的配置。

2014年10月，山西省永和县副县长程万军在众筹网发起了“众筹永和核桃，圆孩子书屋梦”的社会公益项目，共筹集资金86万元，不仅帮助永和农民卖核桃，还圆了城镇幼儿园孩子的书屋梦。

2. 如何做好农业众筹

农场众筹不可避免地要遇到这样的问题：我们众筹的是土地、农畜产品还是参观采摘？这就要围绕农场的个性化特色来做文章，所以还是要围绕着该农场的商业价值来分析确定。具体来说农业众筹怎么做好，还需要从以下几个方面做出努力。如表2–5所示。

表 2–5　做好农业众筹的决定性因素

因素	含义
主体信誉最重要	做农业众筹还是存在风险的，这个行业还处于起步阶段，各种模式还需要探索。农牧产品生长周期较长，不论是众筹、预购或是团购，消费者均是预先付款，等到农牧产品成熟后才能获得回报。所以消费者在决定众筹前，会仔细分析众筹主体的信誉度。筹钱模式因为是一套流程，问题不太大。主要问题在于生产主体，尤其是那些认知度较低的农业生产者，如何解决沟通不畅、众口难调、管理理念不同等问题，并获取信任，是一大难点

续表

因素	含义
精准的项目策划	有的众筹时间期限很短，时效性很强，相对于普通筹款，它是一个快速的过程，因此其项目策划必须要精准。同时，项目策划中的创新要素是必不可少的，应当尽量避免以“眼泪指数”收买人心的项目。可以主打情怀牌，但是不要博同情。因为靠悲情取胜的项目往往只能成功一次，同时也容易与其他项目产生类同感，直接影响筹资效果
不要脱离群众	许多项目在策划时没有抓住受众的关注点，不能很好地解决社会问题，或者没有打动发起人的熟人交际圈。那么，这样的项目注定是失败的
发起人的影响力	发起人在众筹中至关重要，比如明星转发某条微博的力量是显而易见的，网友对发起人本身的信任会让众筹的成功率大大增加。发起人推荐的过程及其所推荐的人的层次也在一定程度上证明了他的实力和影响力，客观上起到一定的筛选作用。另外，农业众筹对于发起人来说，是一个贴近公众的机会，有利于增强捐款者和募款者的互动，有助于众筹项目与支持者形成更加紧密的关系
有趣或实惠的回报	众筹回报的方式可以是除股份、利润之外的其他方式，例如实物产品、签名海报、支持者名单等。目前绝大多数的众筹网站，例如国内的“点名”“追梦”等都是由项目发起人进行回报。还有少数网站例如悦粉网，除了项目发起人的固定回报之外，平台本身还对支持者给予回报。很多时候，即使是公益众筹，支持者也会对回报有很大的兴趣。如果在项目中设计一些有趣或实惠的回报，成功概率也会增大
图文或视频求质量	在网络时代，多从传播形式入手，通常更能得到网友的青睐。在图片、文字和视频的细节上做好对项目的包装，能够在不知不觉中引导公众
合作平台不可忽视	农业众筹平台知名的有“尝鲜众筹”“大家种”“有机有利”等。每个平台的理念和侧重点不同，挑选合适的合作平台对众筹结果影响很大

总的来说，农业众筹筹集的不只是钱，筹集的也是个人的力量。通过调动和聚集大众力量，既解决了农业资金问题，也顺带销售了产品，一举两得。农业众筹的本质，就是打破原有的零售流程，以预购的模式提前判断出销量，对生产的量有了把控，以销量驱动生产。随着大众认知度的提高、农产品回报率的提高、政策的引导与支持以及物流冷链系统的搭建，农业众筹的可想象空间巨大。让农业众筹下乡，让优质农产

品进城，“有机有利”等众筹平台，正在让这个梦想变成现实！

众筹为中国电影打开新的一扇门

中国的电影产业走向何方，众筹打开了新的一扇门，这扇门可能会把中国电影带向光明的前景，进而走向世界。在电影众筹项目中，导演可以用众筹的方式，把电影和各个环节的资源进行整合，未来电影的拍摄方式将发生改变；与此同时，投资者的参与感是极其重要的，中国电影走向了全民电影时代，众筹电影或将迎来投资热潮。当电影遇到众筹，以互联网思维运作包含制作、发行、放映以及相关衍生物在内的整套流程已是电影行业未来的发展方向。

所谓电影众筹，即电影项目筹资发起人在众筹平台发起项目众筹，在预设的时间内达到或超过目标金额即是成功。没有达到目标的项目，支持款项将全额退回给所有支持者。筹资项目完成后，网友将得到发起人预先承诺的回报，或是电影票，或是作品刻碟等。当然，虽然众筹为中国电影打开新的一扇门，但在对电影众筹这种模式跃跃欲试之前，影视众筹模式的成功要素不可忽视！

1. 看自己是否适合电影众筹

众筹的模式很多，包括奖励众筹、权益众筹、股权众筹等，市场比较普遍的是股权众筹，目前法律环境之下，股权众筹只能采取私募方式，也就是有两条法律红线：一是人数不能超过200人，二是按照法律规定不能公开发行，不能向陌生人公开众筹。在我国对众筹严格监管的背景下，电影众筹还需要控制法律风险，避免触碰法律红线。

在决定你的电影项目是否要参加众筹时，有一个问题你必须慎之又慎。你的预期投资是多少，电影众筹能否满足你的预期？尤其是当你想拉到上千万的电影投资时，电影众筹很可能与你的投资预期相去甚远。现在通过众筹获得的资金十分有限。2014年年末上映的动画电影《十万个冷笑话》，通过众筹网站从5533名互联网用户那里只募集到137万元资金。相较于过去的影迷通过购买电影票、参加首映式、参加观影会、购买电影的周边产品等方式参与到电影或者电视剧的制作当中，众筹电影项目的回报并没有发生革命性的变化，也并没有构成筹资的主力资金。

2. 依靠IP及明星效应

大导演们可以自己不懂IP，但在影视投资圈儿不能不懂IP。国内市场有名的众筹项目背后几乎都有IP支持，《大圣归来》消费的是中国超级IP“齐天大圣孙悟空”，《十万个冷笑话》消费的是自家动画IP。

IP的最大魅力，在于跟潜在的消费者的相连性。《暮光之城》《饥饿游戏》《分歧者》锚定美国年轻的电影消费者，《小时代》等青春片锚定“80后”“90后”“00后”们。众筹平台衡量IP大小，也就能预估项目上线后的火热程度。

其次是明星效应，也算是IP的一种变化。好莱坞电影众筹史上有这样几部著名的片子：大卫·芬奇监制的动画片《亡命暴徒》、斯派克·李众筹的黑人电影《耶稣的甜血》以及克里斯汀·贝尔主演的《美眉校探》。这些电影一经走上众筹平台，立即被各大媒体一番宣传，几乎不用众筹平台操心，便超额完成任务，甚至突破众筹纪录。

从投资人的角度来说，明星跟票房直线挂钩，要知道其身价，直接查明星历届作品票房就能估计出来。举例来说，好莱坞当红喜剧女皇梅丽莎·麦卡锡北美的票房价值是8000万美元，即便是质量不高的《妈咪》也有这个收益；小罗伯特·唐尼的钢铁侠北美身价3亿美元～4亿美元，换普通角色5000万美元左右，《法官老爹》的北美表现在4800万美元上下。在好莱坞，除非个别大牌明星投资有风险外，普通明星还是愿意通过电影抬高自己的，这本身也表示对项目的一种肯定，属于隐形背书。

3. 情真意切

如果说你的电影既拉不到明星大腕，又没有IP背景，创意还一般，但还是想做一把电影梦，唯一的办法就是靠真情实感打动投资人了。

美国网站Kickstarter创立的前5年，就已经帮助3000多部短片、5000多部电影众筹成功，其中大多数片子是寂寂无名的。网站能够促其众筹成功的原因，卖的是情怀。Kickstarter（搜索微信公众号“投黑马”专注于文创领域的众筹平台）上非常有意思，讲述独立游戏制作者开发游戏的纪录片《独立游戏大电影》的拍摄只需10万美元，1600位支持者的平均支持金额为62.5美元，还不算太大负担，但是感觉自己是在支持那帮有梦想的年轻人开发游戏，成就感爆棚。

真人纪录短片《泥巴种》的故事也很简单，一帮喜欢看《哈利·波特》和《克鲁姆·魁地奇》的高中生发明了一个陆上魁地奇游戏，纪录的就是平时训练中的小摩擦、小故事，以及最后两队比赛的过程。几乎是自娱自乐的众筹项目却受到540位路人的支持，可以说是克鲁姆·魁地奇情怀战胜了一切。

此外还有一个关键点，就是投资人的参与感。在众筹网站上，每当投资人所参与的每一个项目有了进展，都会第一时间在网上通知投资人，即便是电影已经下档，随便出个小型影展，做个蓝光碟，也要“骚扰”一下投资人。被支持的影片也能通过iTunes进行观看，绝不会给投资人石沉大海之感。

4. 聚集人气，把“粉丝”变成营销员

对于很多“不差钱”的电影制片方来说，众筹模式还有一个价值在

于可以借此制造话题、聚集人气。影视众筹不仅仅是一场投融资行为，大部分项目并不强调投资属性，投资人愿意掏腰包主动支持，大多是源于某种情感的共鸣，是一种精神层面的寄托。众筹融资成功制作推出的影视作品，自然会有关注和助推它的“粉丝”，而相较普通方式制作的影视作品，它的“粉丝”更有驱动力去做其投资项目的营销者和市场员。

那么，应该如何利用“粉丝”来营销呢？根据《大圣归来》出品人路伟的介绍，电影的传播一开始瞄准了二次元受众，依靠这群有自发性传播欲望的种子用户，MV的点击量很快就达到了几十万次。之后便扩散到了用户受众更广的微博和QQ空间等平台，得到了一大批大V（网络红人）的自发宣传，最后，从这种泛娱乐浅社交的平台转移到了最后一块阵地：微信朋友圈。这些自己聚集起来的“粉丝”，为电影刷票房、刷口碑、刷评分，扩散的“水军”也被戏称为《大圣归来》的“自来水”。《大圣归来》的成功营销被业内人士定性为“泛娱乐营销”。

总的来说，众筹对中国电影行业融资模式的改变不是颠覆，而是优化，众筹只是电影金融中的一个组成部分，能让电影的渠道更加多样化。电影众筹的规范生长，可以让从事影视行业各个职能的人潜心做专业的事情，不必因为资金问题而耗费精力，影响创作，让资本、艺术、创作等各自归位，如此，众筹才不会沦为“众愁”。

餐饮众筹成功，必须记住四句箴言

越来越多的餐饮创业者盯上了“众筹”概念，以小博大、聚拢资源、搭建平台、扩展人脉……，本着各种理想和情怀参与进来的人不少，一呼百应的案例很多，但善始善终的人寥寥无几。餐饮众筹项目成功的秘技各有不同，但失败的原因大致相同。作为餐饮众筹项目的发起者，请把下面四句箴言说在众筹开始之前。

1. “凑份子”心态请闪开

这句话一定要最先抛给你未来的伙伴，告诉他：“我需要的是你的人，不是你的钱；我不是找你凑份子，是开启一种新商业模式。”

为什么要先说这句话？因为他对众筹概念的认知很可能与你不同，理念的分歧将影响他对项目介入的“度”：要么表现得过度热情，进而过度干预；要么就是不闻不问，完全贡献不出价值。

2. 不要想当“甩手掌柜”

这句话不是可有可无，你一定要告诉你未来的伙伴：“不要想当‘甩手掌柜’”。很多时候，稀缺的不是钱，人脉、资源、外脑等都是比钱难搞的东西。

你要碰到平时甩手，分红时也不太热衷的，算是幸运，怕的是遇上平时甩手，分红时“当仁不让”的伙伴。所以，你要旗帜鲜明地告诉他：“不要以自己的投入小当理由而不闻不问，你我都是餐馆的管家，请不时来餐馆体现一下你的责任感和存在价值。”

某土鸡馆的众筹项目发起人是这样后悔的：“我原本预期的是，这49个人一定会惦记着他有一个土鸡馆，会尽力做宣传，传播到他的朋友、朋友的朋友，那么土鸡馆不愁没生意。但现实是，几乎没有人关心这个土鸡馆，他们只是抱着玩的心态来这里的。”

餐饮众筹，筹的是什么？筹的不只是钱，不体现金钱之外的价值的人，轻易不要让他成为你的伙伴。餐饮业不同于一般行业，你需要你的合作伙伴的支持和帮助，哪怕仅仅是“露脸”也很重要。

3. 必须先民主再集中

你的伙伴都来做“甩手掌柜”是众筹失败的原因之一，“过度干预”的合伙人不少，也是项目难成功的主要因素。所以，拿出魄力，实行“民主集中制”。在众筹项目中，不讲民主和过度民主都不可取。不讲民主，人家会觉得我也掏钱了，凭什么不听我的；但太民主，谁的意见都想采纳，矛盾更多。

某火锅店众筹项目发起人这样讲述自己的经历：“按照事先约定，40个人各出1万元，由我一个人来经营管理，其余的39个老板没有经营管理权。不过在运行过程中，股东们想参与经营的不少。提的意见我没有采纳，结果意见来了，有人觉得都是出资1万元，凭什么他一个人说了算？最后，连火锅店服务员都不知道该听谁的。”

不要以为只有“大事”才会引发争论，“小事”也会受到质疑，比如菜买贵了，服务员工资定得太高。所以，民主之后一定要集中，否则里外难讨好。

4. 不要开始就想赚大钱

有些人可能觉得众筹模式付出小，回报稳定，但众筹模式本身的投入少、利益分享特征，决定了众筹项目短期内难有高回报，抱着赚大钱态度参与的人，还是要慎重。

众筹项目更大的意义是平台作用和长线收益。所以，面对“一本万利”心态的合作伙伴，你一定要告诉他：“任何事物都有其发展过程，靠参与众筹迅速致富有点难，能耐住寂寞咱们再一起做事。”凡是涉及投资的事情你都要慎重，投资总会有风险。

餐饮众筹项目的创业者们，请牢记以上四句话，理念、价值观统一的团队，众筹项目才能走得更远。其他运营手段的高低，也只有在团队思想统一的前提下才能发挥效力。

出版众筹运作流程及发展路径

在互联网金融快速发展的背景下，出版众筹作为一种新型的出版模式备受关注并在国内外进行了初步实践。对于这种新现象，以内容为前提的群体参与、出版社反向介入、加强规范化运作应该是出版众筹未来发展的三个核心要素。

1. 出版众筹的运作流程

与大多众筹方式相同，出版众筹主要由发起人、支持者和平台构成。发起人指具有创造能力但缺乏资金的个人或机构，出版众筹的发起人通常包括具有出书意愿的专业人士或普通个体、进行内容生产的机构或网站以及缺乏资金的出版企业。支持者指对筹资者的创意、故事和回报感兴趣并有能力提供资金支持的人，通常是普通的“草根”公众。平台指连接发起人和支持者的众筹平台，如众筹网等；此外，一些专门的出版众筹平台还提供校订、排版、印刷等配套服务。

作为一种资金募集方式，出版众筹算是一种崭新的尝试。国内就有这方面的例子。

2014年8月，一项出版众筹项目引人关注：360公司董事长兼CEO周鸿祎选择了众筹的方式来售卖新作《周鸿祎自述：我的互联网方法论》。刚刚上线的京东众筹成为周鸿祎的发布平台，7月10日上线以后的近两周时间里，就筹得金额64万元，打破京东出版物众筹的最高纪录。由此，如何操作一个成功的出版众筹项目，传统出版行业如何适应互联网新的游戏规则，也成为本次博雅出版论坛探讨的话题之一。

在周鸿祎众筹新作之后的2015年年初，北京崇贤馆面向社会开展众筹，短时间内得到794人支持，共募集125 300元。距项目截止时间尚有一个半小时时，所得款项已超额完成。作为回报，支持者分别获得《花间集》《宋词三百首》《千字文》等巾箱本图书、崇贤馆定制丝巾、茶饼等礼品。这已经是崇贤馆第二次成功开发众筹项目。

综观国内外的众筹平台，出版众筹的具体运作包括发起项目、筹集资金、项目实施或撤销以及回馈评价四个阶段。如表2–6所示。

表 2–6　出版众筹运作流程的四个阶段

阶段	实操要领
发起项目	首先由项目发起人在众筹平台上申请出版项目，经平台的负责编辑审核之后向公众推出，进入资金筹集阶段。在项目发起的过程中，发起人需将出版的内容、想法和创意达到可展示的程度（如介绍书籍大致内容或附上书籍的某个章节），并配以文字或视频说明。对项目的发起人而言，众筹平台进入门槛较低，对身份、职业、社会地位没有限制，而更为看重其出版内容的创意与质量
筹集资金	多数出版众筹项目采用团购或预购的模式募集资金，通过公布项目内容、所需经费、筹资期限和回馈收益，来获取出资人足够的关注和资金投入。值得注意的是，众筹不等同于无偿捐款，募资者需设定相应的回报，并在项目完成后回馈投资者；对出版众筹而言，这种回馈往往是具体的产品与服务。参照既往成功的出版众筹项目，其吸引公众关注和投资的主要方式包括：其一，在具有优质创意的同时，以更好的方式展示它，比如简明清晰的文字描述、具有感染力的图片和视频；其二，依据不同的出资额度设计梯度合理的回报机制，以鼓励各类支持者进行项目投资；其三，通过互联网平台，尤其借助社交媒体进行推广，提升出版项目的影响力和知名度
项目实施或撤销	在筹资规定时间内，若发起人成功筹集到目标资金，出版项目将进入执行与实施阶段；若未能成功筹资，则要将已筹资金返还给出资者，出版项目宣告失败。这种筹资模式体现了公众的“群体智慧”，也符合市场决定出版的思维逻辑。筹资金额的高低实际上说明了公众的偏好与选择，因此可更加直观和真实地反映出市场的需求。在项目实施过程中，发起人需按照执行计划定期向出资人汇报项目进展；同时，出资人亦可通过评论分享、与发起人联系等方式，在一定程度上参与到作品的创作过程中

续表

阶段	实操要领
回馈评价	项目在规定时间完成之后，依据发起人设定的回报机制，出版项目将以实物或服务的方式向出资人提供一定的回馈；同时，发起人需以一定方式展示项目的完成情况，并由出资人进行审核。若项目中途遇到问题或不能通过出资者审核，发起人将按照风险说明向出资人提供退款或其他补偿

2. 众筹助力传统出版行业变革

新媒体环境下传统出版行业正受到前所未有的冲击，如电子阅读、网上出版、自出版等业态变化正困扰着出版业。众筹的灵活性可为出版业带来变化。众筹可以帮助出版社甄别作者的市场潜力，帮助优质作者通过参与者的支持，实现作品出版。传统出版和数字化出版可以通过众筹形式实现连接。众筹在未来会成为电商的有益补充，这也是京东众筹为何对文化类众筹感兴趣，而除了周鸿祎的新书，它们还将目光投向了动漫绘本等。

可以说，众筹出版为传统出版业乃至相关文化产业开创了一种符合时代发展趋势和读者市场需求的创新发展新模式，出版众筹是一股新鲜的血液。随着众筹网上图书出版项目的日益增多，会有更多的出版机构试水众筹出版这种形式；而对于出版商来说，众筹能否帮助更多的优秀图书获得读者的关注，是比获得更大利润更需要重视的问题。

3. 出版众筹的发展路径

作为一种新型的融资方式，出版众筹对行业及社会带来何种程度、何种方式的变革，需要更长时间、更多维度的审视与观察。但可以肯定的是，未来的发展路径需突出以下三个核心要素。

第一，保证内容质量的群体参与。

出版众筹变革的特点在于普通人在个体出版、内容选择、资源分配等多个层面的广泛参与。可以采取依靠众筹平台的优胜劣汰和自净能力，以群体智慧和市场规律为动力保证出版内容的质量；亦可建立囊括众筹平台、传统出版社和读者联盟在内的评判和推动体系，这既可赋予艰深专业、个性小众等适合众筹出版的图书更多的出版资源，又从根源上降低了低俗内容的进入可能。传统出版社在其中更应发挥专业优势，成为出版内容有效的过滤、选择、加工、再创造和输出的运作主体。

第二，出版社反向介入出版众筹。

对出版社而言，为吸纳公众的出版力量，以合作或独资的方式建立自己主导的众筹平台，不失为一个战略性的选择。出版社可兼具众筹平台的双重角色，一方面充分发挥专业优势，同时亦得以募集稀缺的出版资源，获取直观准确的市场需求，并由此逐步构建出一个“大出版”的生态平台。

第三，基于众筹发展的规范化。

出版众筹作为众筹的子领域，其规范化发展需要整个众筹行业的不断完善。这种完善体现在以下三个层面：一是监管层面。目前众筹运作过程处于法律模糊地带，亟须完善互联网法规，对众筹进行规范和监管。二是平台层面。加强资金管理、信息披露和隐私保护，健全众筹的流程体系，以期众筹平台的健康发展。三是社会文化层面。“众筹是基于互联网时代人类社会契约精神的再现”，应培育公众对众筹概念的信任、接受程度及契约精神，为众筹及出版众筹的发展创造更好的社会文化环境。

游戏行业众筹，参与感盛行

众筹在引入我国后，呈现爆发式增长的态势，特别是2013年以来，各类众筹平台在国内陆续诞生。尽管各类游戏众筹平台都处于试水和探索阶段，市场对众筹的态度不一，但一旦“游戏众筹”这一新生概念被游戏厂商和玩家广泛接受，游戏众筹所倡导的参与感必然成为一种风尚，在未来很可能会给游戏产业带来积极的影响。主要表现在以下三个方面。

1. 提升平台产出能力

熟悉游戏行业的人都知道，在一款游戏正式上市发行之前，为了节省经费开支，很多游戏公司会通过不同的平台对外发放少量的封测账号，供部分玩家试玩来寻找BUG，经过极少数玩家的测试后向游戏公司反馈BUG以及存在的问题，封测结束后还会有内测、压测、公测等，最后才是正式上线运营。尽管在游戏行业这一套测试系统已经相当完善，但这都是在产品基本开发完成之后进行的，这就意味着测试只能是保证产品上线之后的稳定运行，而如果游戏的策划创意一开始就走偏，无论是封测还是公测，都无法决定产品最终能否成功。

一般来说，一个大的游戏平台都有多个研发团队，而在游戏的创意策划初期，究竟哪个项目更能受用户喜欢并获得市场认可这是一个难题。以往可能需要进行广泛和复杂的用户调研，但大多数时候是一把手拍脑门决定；如今通过像“摩点网”这样的游戏众筹平台，却可以非常简单地解决。设定一个众筹额度，根据玩家的支持程度就可以直接得到答案。这就在一定程度上提升了大平台产出优秀游戏的能力，也最大限度地降低了游戏的试错成本。

2. 帮助中小游戏厂商崛起

目前来看，一款游戏的诞生需要开发商投入大量的心血进行开发，而开发完成之后，还需要投入大量的资金进行运营和推广。因此对于中小游戏公司来说，新研发游戏的成功率越高越好，需要尽可能地避免失败；而游戏众筹平台的出现，很可能在各个方面推动中小游戏厂商的壮大发展。

首先，一旦游戏众筹的理念被市场广泛接受，一些小的游戏厂商除了风险投资之外，又多了一个筹资渠道；其次，通过在众筹平台上进行团队和产品展示，可以获得更多的市场曝光机会；最后，还能够通过类似预售团购的方式，给玩家以游戏道具、游戏玩偶、游戏特权等回馈奖励，培育一批早期的种子用户，为后面的推广积累口碑，为发展创造更多的机会。

3. 增加玩家参与感，催熟游戏产业

游戏众筹在引入我国之后，经过游戏众筹平台在模式上的一些微创新，特别是通过类似团购预售的模式，能够推动游戏玩家更积极地支持好的游戏作品，而玩家通过购买游戏的衍生商品，对游戏更具忠诚度。索尼PS4解禁进入中国，打出的“一切为了玩家”的战略诉求，和“摩点网”一直倡导的参与感可以说一拍即合。对于国际品牌来说，放低姿态，将中国玩家、开发者聚集起来“玩”，不失为一种接地气的营销方式，也有利于培育中国PS4游戏开发环境。

以摩点网为代表的游戏众筹网，目前已经成为中国游戏重度玩家与核心用户的核心社群（有点像“知乎”的知道分子，“豆瓣”的电影爱好者），本身已构成游戏众筹网的核心价值。摩点网游戏众筹平台在行业当中主要发挥以下三方面作用：一是解决游戏发行前的市场验证问题；二是增强游戏玩家参与感；三是帮助游戏的周边文化商品进行预售。这种模式目前已经得到一定的验证，比如2014年摩点网与“i联赛”联合发起DOTA2电竞联赛众筹，最终筹得168万元，远远超过当时设定的筹资额100万元，并且使得联赛观看人数突破百万人。摩点网这类以预售团购模式做游戏众筹的平台算是一种根据国情特色而进行的

微创新。

像摩点网这样的游戏众筹网，短期看，它们的意见、反馈能影响一款游戏的走向。从平台价值看，玩家和厂商的良性互动，将对整个游戏的研发、生产链条产生积极的影响。

总的来说，在游戏行业当中引入众筹不失为一种创新之举，尽管游戏的股权众筹还未能获得成功，但通过众筹来帮助大厂商快速试错，帮助中小厂商少走弯路，以及增强玩家的参与感，这些“中国式”的创新对于游戏行业的整体发展必将会起到良性的促进作用，也可能是游戏众筹在我国发展的一个必然方向。

科技项目火爆众筹平台

在产品众筹领域，科技产品众筹项目可谓是占领了半壁江山，不少创业者都在各大众筹平台上发起科技产品项目来募集资金。

1. 众筹平台火爆的科技项目

虽然不同的众筹平台对“科技”这个类别有不同的定义，但这些平台的科技项目涉及多个方面，比如生活家居类、游戏设备类、可穿戴设备、工业设计、尖端前沿科技等。如表2–7所示。

2. 科技项目众筹成功的秘诀

科技众筹项目想要在众多项目中脱颖而出不是一件容易的事情，但是如果把握好以下几点秘诀则可以达到事半功倍的成效：一是有趣、好玩；二是实用，可负担；三是恰当的目标；四是激动和憧憬。如表2–8所示。

表 2-7 众筹平台火爆的科技项目

项目	项目介绍	典型案例
生活家居类	科技离我们最近的方面，当然是我们的日常起居生活。既然“科技以人为本”，人们都希望通过目前的科技让自己的生活得到改善。事实上，生活家居类的项目在众筹平台的科技类项目中占了近半壁江山	LIFX灯泡看上去跟普通白炽灯泡没有什么区别，但实际上它是一个可通过WiFi控制、可调多种颜色的LED照明灯泡。它使用与普通灯泡、节能灯一样的螺口，可以直接安装到灯具上；而通过配套的IOS/Android设备，则可以在任何有网络连通的地方，调节整个家居的LIFX灯泡的开关、亮暗和颜色。这样一来，不管是早上起床、晚上睡觉，还是给另一半一顿惊喜的烛光晚餐，你想要什么样的场景和情调，都可以随心掌控。LIFX项目自2012年9月15日在众筹网站Kickstarter上线以来，60天内获得9236人次的支持、131.4万美元的筹款，达到了预定目标的13倍多。其中WiFi智能遥控是由一位海外留学的博士生发起的，2013年6月29日筹资阶段结束时，智能WiFi遥控已经获得近7.7万元的筹款，并通过国内的智能家居设备厂家博联进行生产
游戏设备类	即使在当今这个移动化的年代，传统的电视游戏在全世界仍然有非常多的忠实拥趸；而且目前世界上最大的视频网站You Tube上的很多网络红人都有自己的游戏频道。他们除了介绍最新的电视游戏、制作自己参与游戏的视频，更在无形中推动了游戏“粉丝”们的消费欲。想想PS4、Xbox One那些游戏设备，还有付费游戏的价格，这笔收入相当可观。于是，当众筹平台上出现了很“酷”的游戏设备时，其引起的轰动可想而知	在游戏设备类的众筹项目中，走出了两个“杀手”级的产品——来自Kickstarter的Ouya开源游戏机和Oculus Rift游戏头盔。Ouya开源游戏机计划在29天内筹集95万美元的资金，结果意外地收到了全球6.34万游戏玩家的支持，并最终获得近860万美元的款项；而一套Ouya游戏机也就99美元，这样一来，全球的电视游戏玩家都能享受开源游戏带来的魅力。Oculus Rift游戏头盔上线筹款后，一个月内募得243.7万美元的资金，是预设目标的近10倍。这个“游戏神器”已经制造完毕并发到了支持者的手中

续表

项目	项目介绍	典型案例
可穿戴设备	可穿戴设备已经成为了人们热衷讨论的话题。不论是用于运动还是健康监控，可穿戴设备的应用前景都非常广阔	不管是Kickstarter的Pebble智能手表还是IndieGoGo的Kreyos智能手表，都以接入智能手机、蓝牙连接、语音控制、5米防水、个性化色彩、低价等卖点成功吸引了大量支持者，并获得了超高额的资金：Kreyos智能手表获得150多万美元的筹款，是预设目标的15倍多；而Pebble手表更是获得了百倍于目标的筹款——1026.6万美元，成为Kickstarter史上最成功的众筹项目之一
工业设计	除了那些与日常生活相关的项目，工业设计和生产环节也是不少创业公司的关注点；而在这个方面的项目中，3D打印无疑是最受追捧的领域，因为它可以制造出传统工艺难以完成的形状，而且成本也更低。事实上，众筹平台上制造3D打印机的项目非常多，也出现过不少超过预期目标的项目——不论是针对实验室、学校、设计用的专业级产品，还是给个人尝鲜的入门级机器	首先获得成功并被媒体广泛报道的，是Kickstarter上的Form 1打印机。在2012年10月下旬，它以294.6万美元、近30倍预期金额的成绩完成筹款，成品也在2013年4月全部发出。其次是“3D打印笔”。虽然不少人曾经吐槽“这货就是一热熔枪”，但大家别忘记，热熔成型、分层累积等也都是目前3D打印最常用的方式。加上3D打印笔的价钱非常便宜，所用的ABS、PLA等材料的规格跟普通3D打印机使用的材料规格一致，这样一来，人人都可以在家中过把“3D打印”的瘾。在这方面，国外的3Doodler和国内的鸦鸦3D打印笔都赢得了大众的青睐：前者在2013年3月下旬获得了234.4万美元的资金，是预定目标的78倍多，并于2013年9月起发货；而后者原理与3Doodler大同小异，但它成功地抢在前面，2013年6月中旬就已经将最终产品发送到支持者的手中。除了3D打印外，基于LED电路板、Arduino单片机设计的项目也有不少，并且大都获得了5倍到数十倍于预期的筹款

续表

项目	项目介绍	典型案例
尖端前沿科技	随着众筹领域新概念层出不穷，更新换代较快，一些尖端科技的应用以及设计理念，能够满足特殊人群的喜好、用户定制需求等。虽然这方面的项目比较少，而且这些尖端的科技也并非人人都能透彻理解，但是有了这些成功的案例后，相信会有越来越多的技术交流、项目筹款进入众筹平台	Kickstarter和IndieGoGo上关注度最高的前沿科技项目，分别是会发光的植物和Scanadu Scout医疗三录仪：前者通过将萤火虫的基因移植到植物中，培育出能够自行发光的植株和种子，减少对电路的消耗；后者的概念源于《星际迷航》系列电影，它可以快速、实时地测量使用者的体温、心跳、血压、心电图，甚至还能侦测到心情的变化。两者分别获得48万美元和166万美元的资金，都超出了目标数倍

表 2-8　科技项目众筹成功的秘诀

秘诀	实操要领
有趣、好玩	既然是创意科技项目，首先就要有新意，有让用户觉得有趣味性、值得把玩的地方。游戏类设备、3D打印笔都做到了这一点
实用，可负担	有趣、好玩的想法固然能吸引支持者，但如果所设想的产品对日常生活毫无帮助，或最终的成品定价太高，人们也不见得会为此而买账。在这一点上，普通民众其实也很实际
恰当的目标	由于不少众筹网站采用的是“全拿或全退”的规则，一旦指定时间内集资款项达不到目标，所有款项将全额返还给支持者。既然个人和创业者来众筹平台的目的都是希望拿到筹款，那么还是踏实些好
激励和憧憬	不少项目都以一些科幻名著所描述的设想作为目标，而这样的目标实现后，会引发人们对未来生活的想象、激励和憧憬，并由此作为新的设想，以科技不断指导生活改善的方向

总之，众筹平台打开了人们的想象空间，也帮助那些好点子、好创意的发起人将创意变成现实。“众人拾柴火焰高”，众筹平台除了帮助项目人气和资金节节攀升，更重要的是让更多的人迸发出智慧的火花，让创新的火焰不灭。

众筹营销，筹的不是钱，是市场

众筹营销，是指由消费者发起产品的订购邀约以及提出一些个性化的需求给生产企业，而生产企业在下单之时就可以全程给出生产排期和产品追踪。在这种营销模式下，生产企业不会发生缺货的情况，而是根据消费者的个体需求实现一对一的产品制作和销售。

1. 众筹营销，筹的是市场

由于媒体传播方式的改变，现在的营销传播已经从以前的单向传播转变为互动传播，每个消费者都可能是一个自媒体，都是内容的制造者和传播者。因此，对于消费者而言，作为参与者、投资者和消费者的边界更加模糊了，而很多企业也是希望通过众筹——筹用户、筹体验，对一个项目前期的市场反应进行投票。

魔点网是2014年6月上线的一个众筹平台，主要侧重于文创领域的众筹项目，当时在这个网站上大约有几十个已经众筹成功和正在众筹的项目，基本上都是游戏、动漫、卡通和文学领域的项目；而这里的众筹项目以奖励项目为主，也有公益众筹。

在魔点网上的第二届“i联赛”，作为当时国内首个众筹模式DOTA2电竞联赛采用了众筹的方式，吸引玩家参与比赛。该项目获得了4400多人的众筹，筹集资金21万元，众筹的资金也分为6个等级，分别是10元、

100元、500元、1000元、5000元和10万元；而回报也不同，10元的回报主要是比赛的入场门票，10万元的众筹回报则是主办方ImbaTV自己先期投入10万元，作为"i联赛"保底奖金，注入众筹奖池。在赛事的制作方看来，采用众筹可以带来玩家更多的关注和参与，而回报的内容也与赛事息息相关。

魔点网的众筹项目以奖励众筹为主，进行众筹的项目向魔点网提交众筹项目，然后包装上线进行众筹，需要确定众筹目标和众筹时间以及众筹金额的等级和每个等级的回报。如果在规定时间里没有众筹成功，平台方会把钱退给投资人。

2. 众筹营销的几种模式

不论众筹的初衷到底如何，通过人人互传的过程，通过网络传播的过程，这本身就构成了一种营销行为。但根据众筹发起者的不同目的和运作方法，众筹营销也可以不同的形式呈现，众筹管销的模式有以下几种：一是融资模式，二是预购模式，三是赞助模式。如表2-9所示。

表 2-9 众筹营销的几种模式

模式	实操要领	典型案例
融资模式	一批涉及影视、艺术、文学、科技研发、教育培训等多元化创新模式的众筹项目已经出现，其中包括债券、股权、捐赠、回报等各种投资形式，以"众筹融资"为关键词的新兴思维正在互联网世界蔓延，众筹模式正在成为个人或小微企业通过网络渠道进行低成本融资的新式渠道。通过互联网平台和SNS传播特性面向公众筹资，互联网新型融资模式打破了创业项目融资人与投资人之间的固有障碍，让普罗大众成为了创业项目的资金来源者	2013年的《罗辑思维》作为"事件传播"在社交网站上被大量转发，其实已经证明了众筹模式在社群运营方面的潜力

续表

模式	实操要领	典型案例
预购模式	根据来自百度百科的概念，众筹是指“用‘团购+预购’的形式，向网友募集项目资金的模式”。这种模式也可被看作是一种预消费模式，先让消费者掏腰包，再制造产品。在预购这一与开发者的互动过程中，很多人产生强烈的参与感，给产品提意见，甚至参与到产品设计的流程中。他们很容易对你的品牌团队产生感情。通过众筹也可以培育初期的“粉丝”用户	乐视在推出乐视盒子时就采用了众筹营销模式，在这一过程中，乐视TV根据对产能的精确判断，可让消费者在下单时获知供货周期，乐视TV将会按照付款的先后顺序发货。真正实现订单驱动式供应，下一阶段将实现“客制化DIY”（用户个性化）。也就是典型的“众包设计”，产品的设计、研发、传播、销售、售后和运营，每一个环节均能全流程直达用户，并且用户能够深度参与到全流程的每一个环节
赞助模式	随着运作方法的推陈出新，众筹的外延也正逐渐扩大，有时需要筹集的是亲朋好友的钱，有时只需筹集一种关注或是一种传播。在赞助模式下，很多产品看重的未必是真正集到的钱，而是在这个“赞助”过程中，一传十、十传百的传播效应。参与者得到的又是真正的优惠或是免费，这是主动参与的最好的内在驱动。参与者得到实惠，赞助者投资情感，品牌方得到传播，整个众筹流程自然会良性运转	在营销创新方面，汽车企业一向敢为人先，很多企业开始试水“众筹营销”，如现代和道奇。现代和一家网络众筹平台独家合作，开展了一项联合捐助活动，帮助消费者从朋友或亲人中筹措购买新车的资金，人均上限为500美元。这样的一项活动使得现代在北美实现了1600辆的销量。道奇则是通过邀请朋友或者亲人赞助一辆汽车不同组件的方式，实现汽车销售。道奇的品牌营销经理梅丽莎·加利克对“众筹营销”本身颇为满意，认为在消费者心目中提升了道奇的品牌价值

第三章

股权众筹：我给你钱，你给我公司股份

股权众筹是当下众筹的主流模式，它是投资者对项目或公司进行投资，获得其一定比例的股权，也就是“我给你钱，你给我公司股份”。本章讨论了参与股权众筹需要了解的诸多事宜，诸如股权众筹三大运营模式，股权众筹投资的标准流程，股权众筹主要法律风险及防范，股权众筹如何保护出资人利益，什么样的项目适合做股权众筹，如何挑选股权众筹项目进行投资，等等。

众筹模式新解

ZHONGCHOU MOSHI XINJIE

中国股权众筹发展全面解析

股权众筹是互联网金融的高级阶段，随着中国互联网金融的逐步成长，中国式股权众筹也取得了跨越式的大发展。从2013年股权众筹逐渐进入公众的视野，到2015年“股权众筹元年”，中国式股权众筹方兴未艾，未来前景值得期待。在这方面，中国人民大学法学院副院长杨东从2015年股权众筹发展回顾和2016年趋势展望两个方面为我们做出了回答，据此我们可以全面深入地了解中国式股权众筹的发展情况。下文为择要摘录。

1. 2015年股权众筹总结

回顾2015年度的中国式股权众筹发展，可以看到国家的大力支持和鼓励，也可以看见一个市场的日渐壮大与规范，具体而言，中国式股权众筹在2015年表现出以下几方面特点。如表3-1所示。

表 3-1　2015年中国式股权众筹的特点

特点	含义
众筹已经提升到国家政策层面	国家政策强调，实现“十三五”时期发展目标，破解发展难题，厚植发展优势，必须牢固树立并切实贯彻创新、协调、绿色、开放、共享的发展理念。五大发展理念最重要的就是创新发展，而创新发展最重要的就是大众创业、万众创新，这靠什么支撑，就是“四众”（众创、众包、众服、众筹），核心就是众筹。供给侧改革实际上是新的供血机制，而“四众”尤其是众筹就是新的供血机制的最重要的部分之一
股权众筹发展日益规范	2015年，国家相继出台了一系列关于股权众筹的规范性文件或草案，如《中华人民共和国证券法（修订草案）》《关于促进互联网金融健康发展的指导意见》《关于对通过互联网开展股权融资活动的机构进行专项检查的通知》等。上述文件肯定以股权众筹为代表的互联网金融意义的同时，也为规范股权众筹的发展指明了方向，留足了空间

续表

特点	含义
股权众筹已成互联网巨头的核心战略	2015年各大互联网公司把发展股权众筹作为它们“互联网+金融”战略的核心，中国互联网金融崛起于阿里系的余额宝，但在2015年蚂蚁金服也战略入股了著名的36氪平台，为其股权众筹发展战略铺路。股权众筹极有可能成为未来蚂蚁金融帝国的核心。其他互联网和金融巨头，诸如京东、平安、苏宁、360、乐视等也开始涉入股权众筹平台。互联网金融新的战场不在互联网货币基金，也不在P2P，恰恰就在股权众筹
国家队的介入	中国证券业协会曾一度想把中证众筹提升为和新三板类似的地位，打造中国的两所、两系统，即上交所、深交所，新三板系统和证券业协会报价系统。中证众筹平台作为平台中的平台，真正能够实现地方的股交所互联互通，更多帮助孵化器、创业园，包括股权众筹的互联互通，实际上可以打通四板，连接五板，其未来意义是超过新三板的
地方政府积极推进	作为改革开放前线的广东省和地处祖国腹地的贵州省，在地方上站在了股权众筹发展的前沿。广州金融办积极进行股权众筹试点的探索；贵阳市目前经济发展虽比不上沿海城市，但积极发展“互联网+”战略，打造了具有历史意义的贵阳众筹金融交易所，还趁势举办了世界众筹大会，引起了国内外的广泛关注，得到了党中央国务院的肯定
众筹圈模式崛起	众筹生态圈一个典型模式是“媒体+孵化器+众筹平台”，作为代表的36氪从科技类媒体公司到孵化器，再到做股权众筹的发展路径，体现出一个合理科学的众筹生态圈
券商涉足股权众筹	传统券商涉足股权众筹有两种模式：一是自己设立股权众筹平台，二是券商和地方股权交易中心合作搭建股权众筹平台。后一种的代表是中信证券，其已与山东青岛地区的四板市场——青岛蓝海股权交易中心开展合作，设立中信蓝海众筹平台涉足股权众筹业务
股权众筹模式推陈出新	股权众筹在中国的发展过程中诞生了很多创新的发展模式，到2015年为止，具有典型意义的有以下六种模式：一是具有平台中平台意义的中证众筹平台；二是传统投资机构与互联网的结合，是股权众筹跟传统PE和VC的深度连接，主要包括天使汇、合伙圈等平台；三是具有“草根”性质的、全民参与的股权众筹，主要包括大家投等平台；四是连接身边店铺的股权众筹，主要包括人人投等平台；五是和新三板直接连接的股权众筹，以深圳的众筹帮为代表；六是对接区域性股权交易市场的股权众筹，主要包括信蓝筹、浙里投

续表

特点	含义
跨境众筹开始出现	我国目前已有一家股权众筹平台完成了境内资本对国外众筹项目的融资操作，澳大利亚一家支付企业得到了中国境内投资者2000万人民币的股权融资，帮助其扩大技术团队。这是中国作为世界第二大经济体和众筹发展主力的必然结果，中国可以借助股权众筹更好地实现“走出去”和“引进来”战略
伪众筹泛滥	2015年股权众筹发展也有部分负面因素。因为互联网和金融科技结合的复杂性，股权众筹概念的模糊性，导致了各类的伪众筹泛滥。伪众筹误导了民众，实际上是打着“众筹”“股权众筹”的幌子做非法集资，具有极大的风险，一旦资金链断裂或者平台卷款私逃，损害普通民众利益，将会极大打击真正的股权众筹行业的信誉，不利于股权众筹市场的稳定与发展

2. 股权众筹2016年趋势展望

股权众筹在2016年将出现以下十个发展趋势。如表3-2所示。

表 3-2　2016年中国式股权众筹发展趋势

发展趋势	描述
国家继续支持中国式股权众筹发展	按照国家政策的精神，以股权众筹为代表的互联网金融仍将得到国家的大力支持。相关的立法和监管政策会逐渐出台，针对公募的“股权众筹”和私募的“互联网非公开股权融资”的分类监管细则会加快制定。全国性的股权众筹试点在2016年一定会开展，更多的平台和机构会获得试点牌照。证券法修改进程在2016年也会加快
地方政府鼓励创新的力度会加强	早就关注“四众”和股权众筹发展的广东省、贵州省、浙江省等仍将持续关注众筹，鼓励众筹发展。在国家政策的引导和先进省份的带头下，其他的省份、城市也有可能出台自己的政策，鼓励所辖区域的“四众”建设和众筹创新
区块链技术将随着股权众筹的发展得到更大应用	股权众筹具有鲜明的互联网基因，要求相配套的技术满足高效、低成本、可信的要求，有后现代技术色彩的区块链可以在股权登记、风险控制、信用记录等方面配合股权众筹。股权众筹的大发展很可能是区块链崛起的契机

续表

发展趋势	描述
传统投资机构进军股权众筹行业	正如从银行轻视余额宝，到余额宝倒逼银行创新一样，传统的投资机构也在2015年充分感受到了股权众筹的魅力和威胁。传统PE、VC它们已经全面认识到整个大趋势，2016年会全面进入股权众筹行业
跨境众筹成为热点	众筹模式已在全球45个国家成为数十亿美元的产业。预计到2025年全球发展中国家范围内众筹规模将达到960亿美元，其中中国众筹规模将达到460亿美元～500亿美元。在经济全球化和国家推行“一带一路”战略的背景下，跨境众筹毫无疑问是大势所趋
“四众”融合的新业态会出现	众筹是“四众”的核心，随着众筹的发展，很可能会出现其他的四众平台，众筹和众创、众包、众服的平台将会融合，建立起一个以“众筹”为核心的“四众”生态体系
传统行业转型升级与众筹模式结合加快	举例而言，传统行业包括农业产业可以借助供应链金融配合众筹模式实现转型升级。众筹可以解决传统农业供应链金融中心企业缺乏、融资供给不足等问题，众筹实现生产直接对接销售，也有利于农业行业进行资源配置和风险控制
众筹人才培训和智库发展会加快	股权众筹充分体现了跨界和混搭，股权众筹需要通晓金融、投资、互联网、法律的复合型人才，针对股权众筹特种人才培养的培训机构会应运而生。同时，众筹产业的发展也不能一直埋头向下，也需要专业的智库机构做好顶层设计，为国家宏观决策和市场的整体判断提供智力支持
投资者保护和教育工作会越来越重要	2016年，国家可能会出台股权众筹投资者保护领域的法律法规，业界也会出台自律章程。投资者保护是股权众筹风险控制的重要方面，有人才有市场，保护投资者的合法合理权益，有利于市场的健康可持续发展。同时，股权众筹需要一个成熟的市场，而成熟的市场少不了成熟的投资者，政府和业界必须加强投资者教育，培养投资者风险自担的意识，加强投资者风险识别、风险管理的能力
打击伪众筹的步伐会加快	股权众筹是互联网金融的核心和未来，也具有重要的普惠金融意义，对中国经济的发展改革和人民福祉的提升具有重大意义，绝不能允许伪众筹误导民众，损害民众权益，抹黑股权众筹，影响行业发展，危害市场稳定。2016年，国家监管部门会出手整顿市场，打击伪众筹、非法集资，防止劣币驱逐良币，为有利民生的真正众筹的成长保驾护航

股权众筹与传统股权投资的区别

股权众筹，是指公司出让一定比例的股份，面向普通投资者，投资者通过出资入股公司，获得未来收益。股权众筹顺应了“草根”创业时代需求，突破了过去天使投资人必须“看得中、投得起、帮得上”的条件。

相比之下，传统的股权投资隐性成本非常高。对项目方来讲，主要是缺乏经验，不能充分展现项目亮点，同时对接投资人数量非常有限，找到匹配的投资人要靠运气。由于缺乏金融和投资知识，对交易结构、交易估值很难进行科学的把握，不可避免会遭受损失。

股权众筹与传统股权投资最大的区别是两者的侧重点完全不同，具体包括以下几方面。

1. 宣传方面的区别

企业进行股权众筹本身既是面向投资人的融资行为，也是一种面向大众的市场营销行为。如果创业企业从创业初期的天使轮融资阶段便进行股权众筹，比起通过传统模式进行融资的企业，股权众筹模式具备了无可比拟的宣传优势。

传统融资是面向投资者，如果融资金额比较小，投资者和投资机构名气较小，那么在企业的宣传上几乎没有任何优势。换个角度来说，传统融资只有投资者和创业者自己了解情况，如果融资金额不大，投资者不是话题人物或话题机构，创业企业将不会获得任何宣传先发优势。

同样是融资，股权众筹可以说是面对大众市场的一种营销行为并且通过出让股权进行融资，从而为创业企业带来宣传优势。

2. 估值方面的区别

股权众筹模式下，创业企业更容易得到合理估值。创业企业进行股权众筹之时，有投资意向的投资人都会在股权众筹平台上表明投资意向，全部过程非常透明，投资人公平竞争，创业者也能清晰地了解企业融资前景。股权众筹有效地避免了投资者和创业者的信息不对称，从而避免了创业企业在信息不对称情况下廉价出售股份的情况。股权众筹模式下，创业企业更容易获得合理估值和融资金额。

传统融资模式下，投资人更了解投融资市场现状，而创业者对投融资市场几乎没有任何了解，双方信息不对称，不利于创业企业获得合理估值。

比起传统融资模式，股权众筹模式具备了公平公正的估值和融资优势。

3. 资源方面的区别

股权众筹的出资方，尤其是领头人会和创业者加强了解，建立联系。由于投资会涉及自身利益，投资者会对企业持续投入自身的各种资源，帮助企业进一步发展。

传统的投资方仅仅是为企业出资金而已，投资方的出资者并非是投资决策者，一般来说投资机构的经理人扮演着投资决策者的角色。投资决策者对创业企业的发展不是很关注，只有在投资和退出时才会与企业接触。

比起传统融资模式，股权众筹模式可以帮助企业得到更多的外部资源，形成更有效的资源对接。

4. 投资人方面的区别

股权众筹的投资人既是财务投资人，也是资源投资人。股权众筹的投资人，尤其是领投人，自己是出资方，也是投资决策者。投资人进行投资决策之时，会跟创业者亲自接触，建立联系。由于投资行为事关自身利益，投资者在向创业企业注资之后，还会向创业企业持续投入各种资源，帮助创业企业发展。

传统投资方基本上只是创业企业的财务投资人。传统融资的投资方的出资者和投资决策者并非同一人。投资决策者一般只是投资机构的职业经理人，他们一般无法获得投资对象企业的股权，对投资后创业企业的发展和需求关心程度不高，只会在出资和退出时与创业企业接触。

股权众筹模式是企业在众多意向投资人中进行选择。传统融资是投资者选择创业企业和创业者。因此，比起传统融资，股权众筹模式让企业拥有主动权，让企业拥有选择投资人的权利，更有利于企业的发展。

5. 融资过程方面的区别

股权众筹是创业者选择投资人的过程。股权众筹速度快，创业者只需要将项目上传到股权众筹平台，投资者可根据项目做出反馈，如果反馈效果良好，可迅速进行交易，达成融资目标。

传统融资是投资者选择创业者的过程。传统融资过程复杂。如果没有强大的人际关系，项目展示很难送到投资人的面前。投资决策和评估过程烦琐，资金到位的时间长。

比起传统融资，股权众筹模式可以帮助企业更快融资，方便了企业的资金获取。

6. 市场反应方面的区别

股权众筹模式面向更广范围的投资人和人群，事实上也是一种对市场的调研活动，使创业企业真正经受市场考验。如果融资市场反响不佳，创业企业还可以快速转向、避免失败，符合精益创业思路。

传统融资是投资者面对创业者的一对一交流，企业在市场所遇到的挑战仅仅是投资者一人的猜测。

比起传统融资，股权众筹模式可以在更大的范围进行市场调研并做出反应。

时代在进步，市场上会不断出现新的事物来解决现有的不足。股权众筹的出现，在一定程度上解决了创业公司融资难的问题，有效地满足了其资金需求，是具有时代进步意义的。比如说，投融资平台“天使客”为40余个项目拿到创业资金，满足了创业者的初步资金需求。其中也不乏给投资人带来巨额投资回报的项目，比如说“积木旅行”项目，在8个月内为投资人带来5倍收益，是国内首个股权众筹完全退出案例。总体来说，股权众筹是一个符合时代发展要求的新事物。

股权众筹对中小企业融资的意义

在传统的金融体系下，中小企业融资慢、融资难成为制约其发展的桎梏。互联网和金融的结合，有效地改变了中小企业资金短缺的局面，其中，作为互联网金融发展到深水区产物的股权众筹，在这一改变中充当了非常重要的角色。

位于武汉市生物城的武汉知行智成健康管理有限公司（以下简称“知行”）通过投行圈网络股权众筹平台，发起股权众筹项目，第一天即募资超过500万元，不到一周募资1000万元。该公司CEO贺星介绍，这次选择出让部分股权融资是为了供给即将推出的云计算健康医疗公共服务平台，把体检出来的健康数据自动生成报告，结合医疗、心理辅导、健康管理等方式实现在线医疗。

像知行这样通过互联网股权融资来做项目并成功获得资金的例子并非个案，从前面“2015年股权众筹总结”中，我们可以感受到中国式股权众筹的发展情况。

对于中小企业而言，股权众筹的出现缓解了中小企业融资难、融资慢的情况。其意义具体体现在以下几个方面。

1. 股权众筹有助于企业锁定忠实客户

通过股权众筹方式吸引圈子中有资源和人脉的人投资，不仅是筹措资金，更重要的是锁定了一批忠实客户；而投资人也完全可以在不需经营的前提下拥有自己的会所、餐厅、美容院等，不仅可以赚钱，还可以拥有更高的社会地位。类似的平台如人人投，就是专做实体店铺融资的股权众筹平台。

2. 股权众筹通过筹人、筹智、筹钱，最终实现双赢

股权众筹模式的实质是筹人、筹智、筹钱。当中小企业有好的项目需要资金支持时，它们可以通过众筹平台找到有兴趣、有经验、有能力的人在一起；然后各抒己见，集体评估项目的可行性，把可预见的问题抛出来做好预备方案；再依据各自的特长进行任务分配，确保项目操作全程各个岗位上均有人坚守；最后，确定项目可以启动了，再评估启动资金，积聚大家的力量筹钱。

在金钱收益之外，社群成员之间彼此的价值互换和人脉、资源、经验等隐性提升也是关键，社群和众筹如果结合得好，会产生“1+1>2”的双赢效果。股权众筹的核心在于对一个项目的贡献度，智慧、精力等志愿者精神才是让项目维系下去的保障。股权众筹将改变初创企业的风险融资模式，未来将以便捷渠道获得投资资金。

股权众筹模式的以上优势吸引了众多投资者的关注与参与，未来的

股权众筹必会在阳光化的监管中运行。在参与股权众筹的过程中人人都是天使投资人，人人都可以为小微企业的发展贡献自己的力量。

股权众筹三大运营模式及代表案例

国内股权众筹的发展，从2011年成立至今，也就是5年的时间，其间产生了大量的众筹平台如大家投、原始会、人人投等。2015年更是被称为中国“股权众筹元年”。当下，根据我国特定的法律、法规和政策，股权众筹从运营模式上可分为凭证式、会籍式和天使式三大类。

1. 凭证式众筹

凭证式众筹主要是指在互联网上通过买凭证和股权捆绑的形式来进行募资，出资人付出资金取得相关凭证，该凭证又直接与创业企业或项目的股权挂钩，但投资者不成为股东。

2013年3月，一植物护肤品牌“花草事”高调在淘宝网销售自己公司的原始股：花草事品牌对公司未来1年的销售收入和品牌知名度进行估值并拆分为2000万股，每股作价1.8元，100股起开始认购，计划通过网络私募200万股。股份以会员卡形式出售，每张会员卡面值180元，每购买1张会员卡赠送股份100股，自然人每人最多认购100张。

稍在花草事之前，美微传媒也采用了大致相同的模式，都是出资人购买会员卡，公司附赠相应的原始股份，一度在业内引起了轩然大波。

需要说明的是，国内目前还没有专门做凭证式众筹的平台，上述两个案例筹资过程当中，都不同程度地被相关部门叫停。

2. 会籍式众筹

会籍式众筹主要是指在互联网上通过熟人介绍，出资人付出资金，直接成为被投资企业的股东。国内最著名的例子当属3W咖啡。

2012年，3W咖啡通过微博招募原始股东，每个人10股，每股6000元，相当于一个人6万元。对不少人来说并不在意这6万元钱，花点小钱成为一个咖啡馆的股东，可以结交更多人脉，进行业务交流。很快3W咖啡汇集了一大帮知名投资人、创业者、企业高级管理者，如沈南鹏、徐小平等数百位知名人士，股东阵容堪称华丽。

3W咖啡引爆了中国众筹式创业咖啡厅在2012年的流行。没过多久，几乎每个规模城市都出现了众筹式的咖啡厅。应当说，3W咖啡是我国股权众筹软着陆的成功典范，具有一定的借鉴意义，但也应该看到，这种会籍式的咖啡厅，很少有出资人是为了财务赢利的目的，更多股东在意的是其提供的人脉价值、投资机会和交流价值等。

3. 天使式众筹

与凭证式、会籍式众筹不同，天使式众筹更接近天使投资或VC的模式，出资人通过互联网寻找投资企业或项目，付出资金或直接或间接成为该公司的股东，同时出资人往往伴有明确的财务回报要求。

以大家投网站为例：假设某个创业企业需要融资100万元，出让20%股份，在网站上发布相关信息后，A做领投人，出资5万元，B、C、D、E、F做跟投人，分别出资20万元、10万元、3万元、50万元、12万元。凑满融资额度后，所有出资人就按照各自出资比例占有创业公司20%的股份，然后再转入线下办理有限合伙企业成立、投资协议签订、工商变更等手续，该项目融资计划就算胜利完成。

确切地说，天使式众筹应该是股权众筹模式的典型代表，它与现实生活中的天使投资、VC除了募资环节通过互联网完成外，基本上没有区别。但是互联网给诸多潜在的出资人提供了投资机会，再加上对出资人几乎不设门槛，所有这种模式又有“全民天使”之称。

股权众筹平台的细分与分化趋势

股权众筹的兴起，让更多感兴趣的投资人有机会参与到天使投资中来。股权众筹平台项目繁多，还有项目需要的资金规模、项目时间、回报周期等。

1. 股权众筹平台进入细分化

从2011年开始，天使汇、人人投、原始会等多个股权众筹网站宣告成立。在股权众筹平台，用户可以发布项目介绍然后等待个人或企业来支持自己实现梦想，这些项目包括教育、金融、房产、游戏、科技等，还有时下一些比较火的餐饮行业、咖啡店。

根据各股权众筹平台综合发展数据，选出排名前十位的股权众筹平台，分别加以介绍。目前股权众筹行业排名前十位的股权众筹平台如下（排名不分先后）。如表3–3所示。

表 3–3 国内十大著名股权众筹平台

平台	平台简介
天使汇	天使汇是国内最大的股权众筹平台，致力于帮助可靠的项目找到可靠的资金。这里汇聚了国内顶尖的天使投资人，当创业者提交创业项目后，天使汇会精心筛选出优质的创业项目，然后为“可靠的项目”找到“可靠的天使投资人”。天使汇于2011年11月11日正式上线，网站拥有专业分析师团队，会对项目进行多轮严格审核，对通过审核的项目给予专业指导和帮助，然后把这些项目通过多种途径推荐给经过平台认证的优秀投资人，以实现快速的投资融资

续表

平台	平台简介
人人投	人人投总部位于北京，是专注于实体店铺的股权众筹平台。针对的项目以身边的特色店铺为主，投资人主要是以“草根”投资者为主。人人投目前众筹项目总数有173个左右，网站注册会员数近47万人，全国各地分站近300家。人人投凭借有力的推广平台让项目方在线融资的同时也在进行品牌宣传。人人投是“草根”天使投资放心、实体店铺融资省心的股权众筹平台。目前人人投市估值已达10亿元
原始会	原始会是网信金融旗下的股权众筹平台，致力于为投资人和创业者提供创新型投融资解决方案。作为创业者，你可以在原始会平台发起项目，展示可靠的商业计划和优秀的团队，快速聚拢资金、资源、战略伙伴。作为投资人，你可以轻松发现优质项目，分享企业成长带来的资本溢价。同时，原始会提供创业及融资辅导、路演推广、宣传策划、用户教育沙龙等优质增值服务
大家投	大家投是由深圳市创国网络科技有限公司旗下打造的股权众筹平台，是国内首个众筹模式天使投资与创业项目股权投融资对接平台，并率先创建全国首个第三方资金银行托管账户“投付宝”，是中国版的AngelList，股权投融资版的Kickstarter。大家投致力于为投资人和创业者提供一站式投融资综合服务，帮助创业者迅速融到资金，帮助投资人挖掘优质项目。大家投2.0上线以来，首家推出市场化估值和平台参与尽职调查及投后管理，使项目信息更透明、质量更高
资本汇	资本汇股权众筹平台打造互联网金融新模式，汇聚资本和项目，跨界创投、投行、传媒和互联网，采取O2O投行和创投P2B创新模式，倾力打造国内最具专业性和影响力的面向股权投资领域的垂直型互联网金融服务平台。资本汇是为创业者、投资机构、投资人服务的平台。把项目、资金汇聚到平台上，为企业提供一站式融资解决方案，通过机构直投、合投和股权众筹的方式，快速有效对接企业和资本，极大地促进投资流程简单化，提高投资效率；解决金融行业的信息不对称问题，帮助创业企业“融资本、融资源、融智慧”，帮助投资人“找项目、投项目、管项目”
众投邦	我国首家VC股权众筹平台，专注于成长期优质企业的股权众投平台，主要通过“主投（GP）+跟投（LP）”的模式帮助企业进行股权融资。众投邦现已成功构建了以网络视频路演、线下沙龙、新三板投融资对接会及众投专场对接会等多渠道投融资服务体系。众投邦将继续以“用互联网思维造就百亿市值公司”为最终目标，不仅为投资人和创业者解决投融资问题，更致力于成为最具影响力和公信力的股权众投平台

续表

平台	平台简介
天使街	天使街定位于中国领先的股权众筹平台及投融资社交平台。致力于为小微创企业提供一站式投融资综合解决方案，帮助项目方迅速融到资金，推动快速发展，同时提供创业辅导、资源对接、宣传报道等优质增值服务。帮助投资人快速发现好项目，为其领投、跟投、资源输出、经验输出等提供依据，推动多层次的投资人群体协作发展
云筹	云筹于2014年5月30日上线，由华南最有影响力的天使投资和创业孵化平台创业津梁全资控股，拥有创业津梁专业的创业导师资源和丰富的投资人合作资源，这些资源将服务于在云筹上发布的项目，提高众筹项目上线前的成熟度，帮助筹资成功项目的成长。创业企业上线云筹的前提条件是，找到合格的领投人。领投人由云筹平台负责物色，创业企业的投资人资源中有合适的人选也可以推荐。领投人的投资额度不少于本领募资额度的10%，最多不超过50%。领投人须对创业企业开展必要的尽职调查，并撰写投资建议书、风险揭示书，帮助潜在跟投人做出合理投资判断；具体的估值、投资条款也由领投人与创业企业共同确定；跟投额度以本轮融资总额的1%为1份，最低须认投1份，上限由领投人确定，最终所获得的份额由领投人确定，但认投之时即缴纳足额投资款项的，只要具备跟投资格，领投人不得拒绝或缩减其份额
筹道股权	筹道股权是国内首家通过递进式众筹模式进行股权融资的众筹平台。筹道股权成立于2014年，与国内领先的专业众筹平台青橘众筹同属上海众牛网络公司旗下，是专业进行股权众筹的平台。基于青橘众筹的重点成功项目、满足股权众筹条件的项目将通过筹道股权进行股权众筹
创投圈	创投圈是专注于服务早期创业者和天使投资人的创业服务平台，由徐小平、雷军、薛蛮子、蔡文胜等优秀的天使投资人联合投资成立。在这里，创业者可以高效地获得天使投资，全面地发现不同细分市场里的创业项目；在这里，天使投资人可以找到可靠的创业项目

随着股权众筹向纵深发展，适合于股权众筹的项目类型也会越来越丰富，股权众筹平台进入细分化，不仅避免了行业间的同质化，更促进了股权众筹各行业在竞争中良好发展。

2. 股权众筹平台三大分化趋势

股权众筹简而言之就是将完整股权进行分割，销售给不同的投资人，以获得企业发展资金。国内股权众筹模式真正普及并成为一种潮流，是在“互联网金融”的概念出现之后。目前，股权众筹平台出现加速分化的趋势，而平台本身也存在需解决的相关问题。

一是从信息服务平台转化为P2P平台。股权众筹信息平台和P2P平台本质上是两个概念。信息平台只提供股权融资以及投资股权的信息，不保证投资收益、融资项目的可行性。但是P2P平台不同，P2P除提供信息之外，还提供投资担保、收益承诺兑付等，当然P2P平台经营风险也远高于信息服务平台。部分股权众筹平台在项目匮乏、无法吸引投资人的情况下，转向了P2P平台。但是P2P平台应该具备的风控制度、保证金制度，新近“转向”的股权众筹平台却并不具备。

二是从综合平台转向细分化平台。在股权众筹平台发展初期，大多数的平台都是定位在综合性股权众筹平台，但是在吸引融资项目有限、投资人有限的“双限制”之下，不少综合性股权融资平台转向细分化平台。或是专门为适合众筹的项目服务，如文化影视项目；或是专门为某一行业服务，如零售门店行业。

三是直接从股权众筹中抽身。客观上讲，P2P平台进入门槛已经一再降低，但是股权众筹平台进入门槛更低。数千元的模板网站，一两名员工，就可以建立一个股权众筹平台。但是股权众筹平台要持续运营，则难度比P2P平台还高，平台项目和投资人要达到一定数量，平台品牌要不断提升。不少平台难以企及，选择了退出。

在股权众筹平台分化的背后，其实是无法解决将股权众筹这种融资方式搬到网上之后出现的几大问题。谁解决了这几大问题，谁就能够在股权众筹平台混战中立足。

股权众筹投资的标准流程解读

随着互联网金融和众筹的蓬勃发展，股权众筹也受到越来越多的关注，然而，股权众筹的运作流程依然是参与股权众筹投资的重要内容。下面提供的股权众筹投资典型流程包括：项目筛选，创业者约谈，确定领投人，引进跟投人，签订投资框架协议，设立有限合伙企业，注册公司，签订正式投资协议，投后管理，退出。在具体操作过程中，由于项目、平台等差异，或有顺序上的变更，但大多数股权众筹平台基本流程均包含这些环节。

1. 项目筛选

如何低成本、高效率地筛选出优质项目是股权众筹的第一步。创业者需要将项目的基本信息、团队信息、商业计划书上传至众筹平台，由平台的投资团队对每一个项目做出初步质量审核，并帮助信息不完整的项目完善必要信息，提升商业计划书质量。项目通过审核后，创业者就可以在平台上与投资人进行联络。

值得一提的是，项目展示环节对于融资企业和众筹平台来说非常重要，直接决定了投资人是否产生认购意向。现行许多众筹平台对项目展示环节重视度不够，但Crowdcube则不同，它专门设置了问答环节，比如项目发起人在项目展示时会专门指定特定时间段同潜在投资人进行在线问答，有利于双方直接沟通。另外，Crowdcube与Facebook、Twitter、Linkedin合作，投资人和公司可以通过这些社交网络进行交流，创业者也可以充分利用自己的社交圈。这些值得国内诸多平台学习。

2. 创业者约谈

天使投资的投资标的主要为初创型企业，企业的产品和服务研发正处于起步阶段，几乎没有市场收入。因此，传统的尽职调查方式不适合天使投资，而决定投资与否的关键因素就是投资人与创业者之间的沟通。在调研的过程中，多数投资人表示，创始团队是评估项目的首要标准，毕竟事情是人做出来的，即使项目在目前阶段略有瑕疵，只要创始团队学习能力强、有格局、有诚信，投资人也愿意对其进行投资。

3. 确定领投人

优秀的领投人是天使合投能否成功的关键所在。领投人通常为职业投资人，在某个领域有丰富的经验，具有独立的判断力、丰富的行业资源和影响力以及很强的风险承受能力，能够专业地协助项目完善BP，确定估值、投资条款和融资额，协助项目路演，完成本轮跟投融资。在整个众筹的过程中，由领投人领投项目，负责制定投资条款，并对项目进行投后管理、出席董事会以及后续退出。通常情况下，领投人可以获得5%～20%的利益分成作为权益，具体比例根据项目和领投人共同决定。

因为目前国内股权众筹的主流模式是“领投+跟投”制度，所以领投人资质评估就显得尤为重要。当下各大股权众筹平台纷纷出台了自己的领投人资格审核要求，大多是从履职经历、投资经历上进行区分，更多的是对个人的一些要求。未来在领投人制度建设方面，一是要尽可能地引进机构投资人身份，促使平台与天使、VC产生更紧密的联系，二是要强化领投人的专业水平和道德品质，尽可能地防止领投人欺诈的风险。

4. 引进跟投人

跟投人在众筹的过程中同样扮演着重要的角色，通常情况下，跟投人不参与公司的重大决策，也不进行投资管理。跟投人通过跟投项目，获取投资回报。同时，跟投人有全部的义务和责任对项目进行审核，领投人对跟投人的投资决定不负任何责任。

值得一提的是，对投资者而言，任何投资都是有风险的，股权众筹同样也不例外，但股权众筹平台对投资者的风险提示做得明显不到位，从未来发展趋势看，必然会从法律法规层面加强对投资风险的管理。股权众筹平台应当在投资之前对众筹投资人做出风险提示，其主要风险包括：损失投资额、流动性风险、低概率分红和股权稀释等。

5. 签订投资框架协议

投资框架协议（Termsheet）是投资人与创业企业就未来的投资合作交易所达成的原则性约定，除约定投资人对被投资企业的估值和计划投资金额外，还包括被投资企业应负的主要义务和投资者要求得到的主要权利，以及投资交易达成的前提条件等内容。投资框架协议是在双方正式签订投资协议前，就重大事项签订的意向性协议，除了保密条款、不与第三人接触条款外，该协议本身并不对协议签署方产生全面约束力。

天使投资的投资框架协议主要约定价格和控制两个方面：价格条款包括企业估值、出让股份比例等，实际上就是花多少钱，买多少股；控制条款包括董事会席位、公司治理等方面。对于早期创业者来说，如何快速获取第一笔投资尤其重要。因此，尽可能地简化投资条款，在很多时候反而对创业者和投资人都非常有利。近年来，天使投资的投资框架协议有逐步简化的趋势，IDG、真格基金等推出一页纸投资框架协议，仅包含投资额、股权比例、董事会席位等关键条款，看上去一目了然，简单易懂。

6. 设立有限合伙企业

在合投的过程中，领投人与跟投人入股创业企业通常有两种方式：一是设立有限合伙企业以基金的形式入股，其中领投人作为GP（普通合伙人），跟投人作为LP（有限合伙人）；另一种则是通过签订代持协议的形式入股，领投人负责代持并担任创业企业董事。采用这种方式入股创业企业主要基于以下两方面原因：

一是法律层面，我国《证券法》和《公司法》对公开发行证券有明确的界定，《公司法》要求非上市公司股东人数不能超过200人，有限责任公司股东人数不得超过50人。《证券法》则规定，向“不特定对象发行证券”以及“向特定对象发行证券累计超过200人”的行为属于公开发行证券，必须通过证监会核准，由证券公司承销。为规避法律红线，天使合投实行的投资模式是借用有限合伙制的“壳”，即投资人先组建有限合伙企业，领投人作为GP，跟投人作为LP，再通过有限合伙企业整体入股创业公司。

二是税负层面，采用有限合伙形式可有效避免双重税负，有限合伙企业不作为所得税纳税主体，合伙制企业采取“先分后税”方式，由合伙人分别缴纳个人所得税（合伙人为自然人）或企业所得税（合伙人为法人），合伙企业如不分配利润，合伙企业和合伙人均无须缴纳所得税。

7. 注册公司

投资之后，创业企业若已经注册公司，则直接增资；若没有注册公司，则新注册公司并办理工商变更。

公司进行设立登记时，应提供公司章程。公司章程是指公司依法制定的规定公司名称、住所、经营范围、经营管理制度等重大事项的基本文件，也是公司必备的规定公司组织及活动基本规则的书面文件。

公司章程包括：公司名称和住所、经营范围、注册资本、股东的姓名、出资方式、出资额、股东的权利和义务、股东转让出资的条件、公司的机构及其产生办法、职权、议事规则、公司的法定代表人、财务、会计、利润分配及劳动用工制度、公司的解散事由与清算办法等条款。创业企业完成融资后，需要对公司章程相应条款进行修改，除注册资本、股东外，还包括投资方要求更改的部分条款。

8. 签订正式投资协议

正式投资协议是天使投资过程中的核心交易文件，包含了投资框架协议中的主要条款。正式投资协议主要规定了投资人支付投资款的义务及其付款后获得的股东权利，并以此为基础规定了与投资人相对应的公司和创始人的权利义务。协议内的条款可以由投融资双方根据需要选择增减。

9. 投后管理

除资金以外，天使投资人利用自身的经验与资源为创业者提供投后管理服务，可以帮助创业企业更快成长。同时，类似于云筹这样的股权众筹平台，也会在企业完成众筹后，为创业者和投资人设立投后管理的对接渠道，使双方能够无障碍沟通。投后管理服务包括发展战略及产品定位辅导、财务及法务辅导、帮助企业招聘人才、帮助企业拓展业务、帮助企业再融资等方面。

当下国内诸多众筹平台，都采用类似“大家投”的运作模式，在线下成立有限合伙企业，由领投人担任普通合伙人并负责融后管理工作。运用这种模式，后期领投人投资企业过多，要对每家企业进行融后管理，可能精力上难以顾及，适时考虑众筹平台代管以及专业第三方股权托管很有必要。一方面众筹平台可以建立专门的融后管理团队，赚取部分收益；另一方面如果有专业第三方股权托管公司代行相关职责，也能更好地保障诸多众筹投资人的利益。

10. 退出

退出是天使投资资金流通的关键所在，只有完成了有效的退出才能将初创企业成长所带来的账面增值转换为天使投资人的实际收益。天使投资主要的退出方式包括：VC接盘、并购退出、管理层回购、IPO、破产清算等。股权众筹在B轮之前很少退出，在B轮之后有合适的机会可以考虑退出，但好的项目一般会跟到最后。按照惯例，天使投资在退出时通常会有一定的折扣，折扣部分以现金或等值股份给予创始团队，或以老股形式卖给下轮投资人。因此，天使投资在A轮、B轮退出收益不高。

这里有一个中途退出问题。股权众筹本质上是股权投资，而股权的流动性对投资者而言又至关重要。在后期可以通过并购或者IPO退出，但在投资中途如何退出是个问题，特别是在投资1～3年，投资者因为各种原因拟退出项目投资的。因为是通过有限合伙企业间接持有融资项目的股权，所以投资者中途退出变成了有限合伙份额的转让。这里需要确定的是，中途转让的企业估值问题和具体的受让方如何确定的问题，一个良好的机制至少应该形成进退皆有序的循环体系，这样也更有利于投资人放心大胆积极地认购。

股权众筹主要法律风险及防范

股权众筹的法律风险主要有三个方面：一是触及公开发行证券或“非法集资”红线的风险，二是存在投资合同欺诈的风险，三是股权众筹平台权利义务模糊的法律风险。下面我们解析这三个风险并给出防范对策。

1. 触及公开发行证券或“非法集资”红线的风险

股权众筹的发展冲击了传统的“公募”与“私募”界限，使得传统的线下筹资活动转换为线上，单纯的线下私募也会转变为“网络私募”，从而涉足传统 “公募”的领域。在互联网金融发展的时代背景下，“公募”与“私募”的界限逐渐模糊，使得股权众筹的发展有触及法律红线的风险。

要判断股权众筹行为是否违反《证券法》则取决于其是否是公开发行。股权众筹需要对其运作模式进行严格的管控或采取特殊方式才能规避《证券法》的限制，而这种规避方式从法律解释的角度来看往往又是不可靠的，毕竟要打好“擦边球”可是个高难度的技术活，也伴随着较高的法律风险。

2010年12月出台的《最高人民法院关于审理非法集资刑事案件具体应用法律若干问题的解释》第6条规定：“未经国家有关主管部门批准，向社会不特定对象发行、以转让股权等方式变相发行股票或者公司、企业债券，或者向特定对象发行、变相发行股票或者公司、企业债券累计超过200人的，应当认定为擅自发行股票或公司、企业债券罪。”其构罪的客观方面是未经批准、变相发行或超过人数限制，其中“向社会不特定对象发行、以转让股权等方式变相发行股票”的可解释空间较大，股权众筹的融资方式按照一定的解释方法很可能会被囊括其中，面临着刑事制裁的风险。倘若真的走入“禁区”，按照我国“先刑事后民事”的诉讼程序，投资人的合法财产利益便会受到极大的威胁甚至可能血本无归。

2. 存在投资合同欺诈的风险

股权众筹实际上就是投资者与融资者之间签订的投资合同（属于无名合同），众筹平台作为第三人更多的是起着居间作用。我国的股权众筹多采用“领投+跟投”的投资方式，由富有成熟投资经验的专业投资人作为领投人，普通投资人针对领投人所选中的项目跟进投资。该机制旨在通过专业的投资人把更多没有专业能力但有资金和投资意愿的人拉动起来。

但这样一来，在政策与监管缺失的情形下，这种推荐引导的投资方式往往试图抓住投资者的投资心理，容易增加领投人与融资人之间恶意串通，对跟投人进行合同欺诈的风险。如领投人与融资人之间存在某种利益关系，领投人带领众多跟投人向融资人提供融资，若该领投人名气很大或跟投的人数众多，便会产生“羊群效应”，造成许多投资人在不明投资风险的情形下盲目跟风，那么当融资人获取大量融资款后便存在极大的逃匿可能或以投资失败等借口让跟投人尝下“苦果”。

这种投资合同欺诈的风险往往是由领投人与跟投人之间、跟投人与融资人之间的信息不对称以及融资人资金运作缺乏相应监督制约机制所造成的，加上“羊群效应”的作用，会使这种风险成倍地增加，最终可能会酿成惨重的后果。同时，对于单个投资者而言，存在因为小额的投资纠纷不得不走上民事甚至是刑事法庭的风险，纠纷解决的成本过高。

3. 股权众筹平台权利义务模糊的法律风险

一般来说，股权众筹平台的作用在于发现投资者与融资者的需求并对其进行合理的匹配，提供服务以促成交易并提取相应的费用作为盈利，属于一般的居间合同。但具体来说，它又不完全属于居间合同。从股权众筹平台与投融资双方的服务协议可以看出，股权众筹平台除了居间功能之外还附有管理监督交易的职能，如天使汇服务协议第4条规定，若用户有违反协议或法律的行为，则众筹平台有权采取包括但不限于中断其账号，删除地址、目录或关闭服务器等行为。同时，笔者认为股权众筹平台要求投融资双方订立的格式合同所规定的权利义务也存在不对等的问题。因此，目前股权众筹平台与用户之间的关系需要进一步理清，并在双方之间设定合理的权利义务关系，为今后可能出现的法律纠纷的解决提供可靠的依据，这也是对用户合法权益进行保护、维护服务双方平等性地位的必然要求。

股权众筹是顺应时代发展的产物，现阶段在相应规章制度还不健全的情况下，它必然是存在这样那样的问题，但同时也正是它发展的良好时机。如何让它在法制健全后更健康地发展，才是我们应该追求的效果。这要求融资方的项目“货真价实”，要求众筹平台“规矩老实”，要求投资者“理性踏实”。有了这些，股权众筹的发展前景必然是一片光明的。

股权众筹如何保护出资人利益

股权众筹模式中，出资人的利益涉及信任度，安全性，知情权和监督权，股权的转让或退出。在这些方面中，股权众筹模式出资人在投资前的有限合伙协议书或股份代持协议中做出明确约定，以便在实际操作中最大限度地保护出资人利益。

1. 信任度方面的保护

由于当下国内法律、法规及政策限制，股权众筹运营过程中，出资人或采用有限合伙企业模式或采用股份代持模式，进行相应的风险规避。但问题是在众筹平台上，出资人基本上互相都不认识，有限合伙模式中起主导作用的是领投人，股份代持模式中代持人至关重要，数量众多的出资人如何建立对领投人或代持人的信任度是为关键。

鉴于目前参与众筹的许多国内投资者并不具备专业的投资能力，也无法对项目的风险进行准确的评估，同时为解决信任度问题，股权众筹平台从国外借鉴的一个最通用模式即合投机制，由天使投资人对某个项目进行领投，再由普通投资者进行跟投，领投人代表跟投人对项目进行投后管理，出席董事会，获得一定的利益分成。这里的领投人，往往都是业内著名的天使投资人。但该措施或许只能管得了一时，长期很难发挥作用，这是因为众筹平台上项目过多，难以找到很多知名天使投资人，不知名的天使投资人又很难获得出资人信任，另外天使投资人往往会成为有限合伙企业的GP，一旦其参与众筹项目过多，精力难以兼顾。解决问题的核心还是出资人尽快成长起来。

另外众筹模式中采用股份代持的，代持人通常是创业企业或项目的法人，其自身与创业企业的利益息息相关，出资人应当注意所签代持协议内容的完整性。

2. 安全性方面的保护

目前，从国内外众筹平台运行的状况看，尽管筹资人和出资人之间属于公司和股东的关系，但在筹资人与出资人之间，出资人显然处于信息弱势的地位，其权益极易受到损害。

众筹平台一般会承诺在筹资人筹资失败后，确保资金返还给出资人，这一承诺是建立在第三方银行托管或者“投付宝”类似产品基础上。但众筹平台一般都不会规定筹资人筹资成功但无法兑现对出资人承诺时，对出资人是否返还出资。当筹资人筹资成功却无法兑现对出资人承诺的回报时，既没有对筹资人的惩罚机制，也没有对出资人权益的救济机制，众筹平台对出资人也没有任何退款机制。

严格来说，既然是股权投资，就不应该要求有固定回报，否则又变成了“明股实债”。但筹资人至少应当在项目融资相关资料中向出资人揭示预期收益。一旦预期收益不能实现，实践中又会形成一定的纠纷。

3. 知情权和监督权方面的保护

出资人作为投资股东，在投资后有权利获得公司正确使用所筹资金的信息，也有权利获得公司运营状况的相关财务信息，这是股东权利的基本内涵。

虽然行业内规定众筹平台有对资金运用监管的义务，但因参与主体的分散性、空间的广泛性以及众筹平台自身条件的限制，在现实条件下难以完成对整个资金链运作的监管，即使明知筹资人未按承诺用途运用资金，也无法对其进行有效制止和风险防范。

该环节类似私募股权投资的投后管理阶段，出资人作为股东，了解所投公司的运营状况是其基本权利。行业内虽对众筹平台有类似规定，但实践中缺乏可操作性，只能寄希望于不久出台的法规中对众筹平台的强制性要求，以及不履行义务的重度处罚。同时，对于公司或众筹平台发布或传递给出资人的相关信息，如果能明确要求有专业律师的认证更好。

4. 股权的转让或退出方面的保护

众筹股东的退出机制主要通过回购和转让这两种方式：采用回购方式，原则上公司自身不能进行回购，最好由公司的创始人或实际控制人进行回购；采用股权转让方式，原则上应当遵循《公司法》的相关规定。

上述提到的公司创始人回购或者直接股权转让，如果出资人直接持有公司股权，则相对简单，但实践中大多采用有限合伙企业或股份代持模式，出资人如要转让或退出，就涉及有限合伙份额的转让和代持份额的转让。关于这一点，最好能在投资前的有限合伙协议书或股份代持协议中做出明确约定。

在解决了由谁来接盘后，具体的受让价格又是一个难题。由于公司尚未上市，还没有一个合理的定价，在同行业也很难有合理的参考标准，所以建议在出资入股时就在协议里约定清楚，比如有的众筹项目在入股协议里约定，发生这种情况时由所有股东给出一个评估价，取其中的平均值作为转让价，也有的约定以原始的出资价作为转让价。

什么样的项目适合做股权众筹

股权众筹的大发展正在深刻地改变着金融领域的投融资格局，各行各业的创业者们都想要试水这一领域，为自己的项目筹集到发展的资金；然而并不是什么项目都适合来众筹一下，下面就跟大家分享一下什么样的项目适合做股权众筹。

1. 基于价值的发现与创造的项目

金融市场上的投资行为基本的目标就是价值的发现和创造，股权众筹作为一项投融资行为也不例外。投资人获取回报的机会是伴随着项目的发展而不断增大的，而只有项目的投资价值不断地放大才能促进项目的发展，因此股权众筹项目首先要符合股权投资的普遍特征，即具有投资价值内涵，包括外在的行业与市场机会价值，内在的产品与团队价值。在这一点上，所有传统创业投资的评判眼光和标准，都适用于股权众筹项目。

业内对股权众筹有一句简单的概述——“筹人、筹钱、筹资源”。事实上，众筹的项目参与人众多，每一个参与者都有可能带给项目方资金之外的资源，远非线下单一投资机构或投资人所能比拟的。这种资源可能是人力资源、渠道、智慧、场地，也可能是某些行业内鲜为人知的经验、技能、商业规则。正是由于这种价值的发现与创造，人们宁愿拒绝线下投资而采用众筹，甚至接受比线下投资更低的估值。

2. 渴望共谋事业的项目方

股权众筹“筹人、筹钱、筹资源”的模式特点是三位一体的。有人说过，世界上的任何两个人，最多只需要通过6个人就能产生连结，通过这6个朋友的朋友，你就可以认识你最想认识的人，而这6个人所具有的资源也是非常巨大的。

众筹的项目参与人众多，每一个参与者可能带给项目方的资源，远非线下单一投资机构或投资人所能比拟的。很多线下抢手的项目宁可接受较低的估值也参与到股权众筹中来，进而获得持续的关注，收获志同道合的朋友共谋事业。

3. 融资额度适度的众筹项目

在融资额度方面，股权众筹参与人众多，许多投资人并没有股权投资的经验，还有些投资人只是想从其他理财渠道中分一些资金出来做尝试，毕竟众筹尚不是当前股权投资市场的主要渠道，所以其融资额度要适中。

众筹项目的融资区间必须合理，如果融资额过低，可能因运作成本过高而不具有操作性。如果融资额过高，则往往会超越有限合伙企业的人数限制。

4. 能够充分调动投资人的积极性，提高其参与感的项目

理想的众筹项目，在前期产品设计时，要考虑满足投资人财务投资的需要，还能让其获得某种特别回报，比如赠送样品、免费体验、优先试用、VIP会员、终生折扣等。这样投资人投资了一个项目，同时还能收获到非股东所不能享受的特别待遇，提高参与的兴趣。

随着股权众筹向纵深发展，适合于股权众筹的项目类型也会越来越丰富。但无论如何变化，其核心依据都离不开“互联网”“众人”“小额”这三个属性。

如何挑选股权众筹项目进行投资

股权投资曾经是专业的风投机构做的专业投资企业的事，普通投资者几乎摸不清门道，而今股权众筹已经飞入寻常百姓家。股权众筹出现以后，参与股权投资的资金大为降低，而普通投资者如何玩转股权众筹、如何挑选合适的项目呢？

1. 目标为新三板的项目

目前来看，最保守的是目标为新三板的项目。新三板要求不高，如果未来连上新三板都有困难的项目，肯定投资的价值不高。

目标为新三板的项目比较简单，主要看它能不能走到新三板那一步，需要多长的时间走到那一步。比如京东众筹项目“米开医疗”，有优秀的经营团队，其产品体温计也很有市场竞争力，看来赢利是没有问题的。但如果从时间节点看的话，它刚刚成立，短期内扩大市场规模可能会比较困难。所以两年后最大的可能依然是个卖体温计的小厂商，券

商不一定看好，这样风险就比较大了。京东众筹上的“无忧保姆”，从其收入曲线已经可以清楚地预估，上新三板已经没有太大风险，题材和概念也都非常适合做市，估值上也算合理，所以就可以作为投资标的了。

股权众筹项目对于营业收入不低、融资额用途和业绩指标明确的项目，门槛很低，但稍大些的项目总担心股权众筹平台的融资效率问题。这个问题在第三方项目分析平台出来后，会很快得到解决。所以，股权众筹平台上的项目会越来越可靠，只是股权众筹目前仍处于萌芽期，需要有人付出试错成本而已。

股权众筹参与到新三板的方式也是多样的。可以挂牌之前入股定增，在挂牌后退出；如果挂牌未获成功，可以要求大股东选择回购，并承诺固定收益，甚至可以签订“对赌协议”。如伟恒生物在“原始会”平台上推出的股权众筹与新三板挂牌前定增相结合的项目，伟恒生物通过众筹平台发行定增，投资者可以以较少的资金成为伟恒生物的股东，且股权无锁定期，企业挂牌后，投资者就可以直接交易，流动性较强。

从融资主体上，股权众筹与新三板结合的方式可分为三种：第一种是基金公司建立新三板领投基金，并将领投基金放在股权众筹平台上进行资金募集，领投基金与投资者以有限合伙的形式参与到新三板企业中，参与拟挂牌企业的定增、挂牌企业的定增、股权转让等形式，这种方式本质上给基金公司开辟了一种新的融资渠道。第二种方式是众筹平台发行投资新三板的基金产品，由众筹平台领投，投资者跟投，也以有限合伙的形式将资金投入新三板企业中，这种方式规避了众筹平台替投资者持股的法律困境。第三种是拟挂牌新三板企业或已挂牌新三板企业在股权众筹平台上直接转让部分股权或者发行定增项目，投资者可以直接参与，并在未来流通中获得资本溢价。

投资者无论是以股权众筹的方式参与新三板，还是直接参与新三板，最终的目的都是为了成功退出，获得丰厚的盈利。通过股权众筹参与拟挂牌新三板企业的投资者，多是在企业上市后在资本市场上退出，可以是协议转让，也可以在做市商的帮助下进行交易，套现退出。风险抵抗性强的投资者可以在企业被并购或者转板走上IPO后，套现退出，但转板对企业资质要求极高，通常需要3～5年的时间，成功率相对较低。还有一种方式是企业与投资者签订回购协议，承诺投资者投入的资金在一定期限内会被返还，并获得分红，回购协议本质上是一种债券模式，最终返还本金和利息，只是通过股权众筹平台进行的。但对于投资者而言，收益稳定，风险低。

2. 热门项目

了解目前股权众筹热门项目都有哪些？目前有四类项目比较热门也比较容易成功：

一是离资金近的项目。比如说游戏电商广告金融等。

二是离用户近的项目。现在做移动互联网的创业公司很多，它们一旦抓住了用户的刚性需求，有可能短期获取比较大的用户群，为下一步发展打下基础。

三是离技术近的项目。初创公司各方面资源短缺，如果在某一项关键技术方面有自己独特的竞争力，有可能形成自己的“护城河”，保护自己短期内不被竞争对手追赶和超越，也有可能为下一步的成功提供保障。

四是有互联网概念的消费服务类餐饮连锁项目。比如近两年比较火爆的咖啡馆众筹项目。

3. 种子期项目

种子期项目，由于该项目还在孕育期，该怎么判断？要判断它有没有可能拿到后面的两轮融资。后面两轮有人接盘，你才有可能全身而退。

怎样拿到后面两轮融资呢？这就要看后续三个方面能否做到位。比如这个项目是做营养餐的，第一是O2O获取客户的情况。做到多大营业收入，拿下多少个客户，覆盖多少个区域。第二要看大数据和精准定制。绑定智能硬件，根据数据可以为你定制专属营养餐。第三是定制化的整体解决方案，可以延伸到更多营养餐领域。如果从整个退出路径来看是顺畅的，并有一个专业的团队，就完全可以试试了。

需要说明的是，股权众筹的风险，其实是高失败率的风险，投资10个项目，可能有8个项目会失败，要有一定的心理承受力。如何降低自己的投资风险，尽量做到三个方面：一是不要把自己所有的钱都投在风险投资领域，二是形成投资组合，三是坚持长期投资。

第四章

捐赠众筹：我给你钱，你什么都不用给我

捐赠众筹即投资者对项目或公司进行无偿捐赠，也就是“我给你钱，你什么都不用给我”。支持者对某个项目的支持更多表现为重在参与的属性或精神层面的收获，其出资行为带有明显的捐赠和帮助的公益性质，因此它主要用于公益事业领域。本章讨论了不图回报的捐赠众筹模式、公益众筹为捐助带来新发展、公益众筹运作项目成功的要素、公益众筹也需要商业思维四个议题。

众筹模式新解

ZHONGCHOU MOSHI XINJIE

不图回报的捐赠众筹模式

捐赠众筹即投资者对项目或公司进行无偿捐赠。作为众筹的一种模式，捐赠众筹和债券众筹、股权众筹不相同的是，它是一种无偿、无回报的众筹模式。捐赠众筹实际就是做公益，通过众筹平台筹集善款，包括红十字会等NGO的在线捐款平台算是捐赠众筹的雏形：有需要的人由本人或他人提出申请，NGO做尽职调查、证实情况，NGO在网上发起项目，从公众募捐。

1. 适合捐赠众筹模式运作的领域

捐赠众筹适用于NGO等公益项目，主要用于公益事业领域。在捐赠众筹模式下，支持者对某个项目的出资支持更多表现的是重在参与的属性或精神层面的收获，支持者不在乎自己的出资最终能得到多少回报，他们的出资行为带有明显的捐赠和帮助的公益性质。

在国内做得比较多的捐赠众筹大多集中在公益领域，项目的支持者一般就是项目的推动者，参与感很强。来看下面几个例子。

由深圳市龙越慈善基金会发起的“抗战老兵”关爱项目，2014年11月20日上线开始众筹，通过部分志愿者诉说寻找抗战老兵的亲历过程，获得了广泛的关注，很快筹资超过40万元，为500名抗战老兵送上了温暖大礼包。

2015年1月底，知名公益咨询机构瑞森德公益筹款研究中心与众筹网在北京联合发布《2014中国公益众筹研究报告》，报告显示，2014年中国公益众筹市场规模达到1272万元，参与者达数十万人次。

20岁的王同学是上海某高校大二的学生，2015年暑假他想利用假期时间再强化一下英语，又不想给家里增加负担。于是，他经室友介绍在拍拍贷上申请了一笔1000元的学生贷款，仅仅3天钱就到了王同学的银行卡内。之后，王同学凭着勤工俭学偿还了贷款，而这也是王同学第一次感受到信用的价值。

公益慈善业界普遍认为，公益领域的捐赠众筹作为传统筹募善款的重要补充方式，能助力一些小型公益组织和项目解决筹款困难，从而为公益慈善事业带来全新的发展模式和动力。

2. 捐赠众筹的运营方式

作为一项带有赠予性质的公益行为，捐赠众筹的运营模式主要包括以下三个方面：

一是由用户个人发起公众募捐，但是根据《中华人民共和国公益事业捐赠法》个人向公众募捐都是“不合法”的，而个人公募其实也不“违法”。“不合法”和“违法”中间往往有灰色地带，比如腾讯公益有一个项目，就是利用朋友圈的个人关系为需要帮助的人募集捐款。

二是由捐赠众筹平台根据《基金会管理条例》设公募基金会，代替有资金需求的一方向公众发起募捐。但公募基金会申请门槛较高，较难获批。

三是微公益模式。由有公募资格的NGO发起、证实并认领，捐赠众筹平台仅发挥纯平台的作用。腾讯也有类似模式的产品，如腾讯公益下的“乐捐”。

3. 捐赠众筹法律依据及操作要点

捐赠众筹的基础法律关系是赠予。根据《中华人民共和国合同法》第一百八十五条的规定，赠予是赠予人将自己的财产无偿给予受赠人、受赠人表示接受的一种行为，这种行为的实质是财产所有权的转移。故此，从法律的角度分析，规范的赠予当然不存在任何民事、刑事法律风险。目前在实务操作中，捐赠众筹的法律风险主要来自两个方面：一是项目信息虚假，二是募集资金使用不透明。如果众筹平台没有尽勤勉的审查义务，致使部分虚假项目上线接受捐赠，甚至自行编造虚假项目接受捐赠，或者虽然项目真实但未将捐赠资金合理使用，则项目发起人可能涉嫌集资诈骗罪。

捐赠众筹的操作要点在于，在捐赠众筹中，投资者是赠予人，筹资者是受赠人。投资者向筹资者提供资金后并不求任何回报，筹资者也无须向投资者提供任何回报，因此捐赠式众筹具有无偿性。在众筹中介上发布的慈善项目，本质上是筹资者向投资者发出的要约，只要投资者以某种方式承诺，双方即达成意思一致，也即筹资者接受赠予。投资者做出承诺的具体形式应当是其在众筹中介上向筹资者筹资账户打款的行为，也即只要投资者的打款行为完成，那么这一赠予合同即告成立。合同成立后，投资者和筹资者依照赠予合同的规则取得相应的权利义务。

捐赠式众筹中的赠予合同关系应属目的性赠予，即投资者是为了帮助筹资者达到项目宣称的具体目的而为的赠予。目的性赠予虽适用赠予合同的一般规定，但是与一般赠予相比，其最大特点在于受赠人一定要将所获赠的财产用于特定用途，即筹资者必须将投资者赠予的财产用于特定项目而促成特定目的之实现。如果筹资者的行为不符合约定的特定目的行为，投资者并无法律依据诉请其履行，而只能主张缔约目的不能实现，依照不当得利原则请求筹资者返还赠予财产。应注意的是，捐赠式众筹的“捐赠性”是从投资者与筹资者的角度来说的，众筹中介还是会根据项目的筹资进度以及筹资额度收取相应的管理费用，因为管理费是众筹中介的收入来源，是众筹中介得以生存的根本。

公益众筹为捐助带来新发展

公益众筹可能是众筹领域中参与人数最多的领域了，同时公益众筹作为一个单独的分类，还是众筹的主要模式之一，众筹与公益有很多共同点。公益众筹通过低门槛的公益捐助方式，汇集大众的力量，产生意想不到的筹款效果，帮助特别需要帮助的人群，是现代进行公益慈善所不可缺少的一种方式。公益众筹必将改变传统的公益慈善，为公益捐助带来新的发展。

1. 当公益遇到众筹

当公益遇到众筹，可以为个人发起公益项目提供平台，实现很多年轻人有趣大胆的公益梦想，另一方面也降低了公益机构募资的门槛。此外，在众筹平台上对信息披露的充分性有比较高的要求，因此可以推动公益行业的透明、规范。

目前的众筹主要有四种类型：债券众筹是还本付息的方式；股权众筹是出资人对资金有很好的预期，希望得到一定的分红；回报众筹是出资人不关注资金的回报，而对项目和产品的理念非常感兴趣；捐赠众筹就是无偿地捐赠。事实上，大多数公益众筹项目要求发起者向支持者提供一定的回报，但与其他众筹领域多为股权、债券、现金和实物等不同的是，公益众筹的回报多是明信片、活动纪念徽章、照片等意义大于实际的回馈。

用众筹的方式做公益，在一定程度上能促进公益事业的发展。例如，众筹要求支持者与发起者之间建立较紧密的联系，不是交了钱就完事的一次性捐赠，这种紧密的联系有利于公益项目的监督和实行。另外，过去不少公益项目的主要支持者是“有钱人”，一些公益项目的透明度和开放程度依然受到限制。众筹开放式的运作方式，不仅便于更多的人参与到公益事业中来，而且也能激发创意型的公益项目，促进公益形式和运作模式的发展。

2. 公益众筹市场不断发展，社交公益众筹平台将不断涌现

据相关数据显示，2014年中国公益众筹规模达到1272万元。全年有超过2万人次在众筹网参与公益众筹项目投资，人均支持金额约405元。约70%的用户支持金额在50元以内。来自移动端的投资呈现上升趋势，占49%，PC端为51%，公益众筹的社交属性明显。2015年，近700个公益团队或个人，采用公益众筹渠道为公益项目开展筹款，有的甚至是第一次互联网筹款。共有873个公益项目众筹成功，筹资额达3432.7万元，获得约60万人次支持；较2014年，项目数量增长192%，筹资额增长170%，支持人次增长68%；据零壹数据中心统计，截至2016年第一季度末，2016年互联网众筹行业成功筹款金额约30亿元，其中公益众筹估计在1亿元左右。通过数据不难发现，2016年第一季度的筹资额度就已经超过了2014年和2015年之和。众筹正在被公益行业普遍接受，而公益众筹项目也逐渐被社会大众所接受，PC端的投资行为也逐渐转移到了移动端，目前项目发起主体也呈多元化发展。

众筹兴起时不被国人接受，认为是非法集资和骗钱。可看看今天的众筹，因为淘宝、京东、苏宁等“大佬”的进入，对用户进行了教育，也对市场起到了培育作用；而“轻松筹”在公益众筹方面做了用户教育，对后来的公益众筹平台有一定的示范性作用。它上线后短时间内的高筹资额度和千万级别的注册用户无疑让许多企业急红了眼，都纷纷踏入这个领域。

社交公益众筹平台起到了一个公信作用，以前人们捐款的程序烦琐。在需要理智分析求助类项目是否真实的情况下，然后利用银行卡打款进行捐助，手续过程耗时较长。但是在移动社交化时代，基于微信支付，又有平台公信力支撑的情况下，人们会更倾向于在社交公益众筹平台进行捐助。所以对于社交公益众筹平台来说，现在切入进来应该是个好时机。

随着公益众筹平台的不断增多，后期“马太效应”会越发强烈。轻松筹、追梦筹、京东众筹这些带有个人求助类板块的社交众筹平台，在公益众筹的市场份额将会不断增加。公益众筹这块“肥肉”未免会引来不良动机者的“垂涎”，一些平台可能会上线圈钱走人，所以在这方面我们也应该进行防范。

公益众筹运作项目成功的要素

作为新兴的公益模式，公益众筹筹的不仅是钱，还有人。作为一种新的思维模式，如何让别人为你的公益买单呢？公益众筹如何在短时间汇集更多的人力财力呢？我们来看看公益众筹的七大成功要素。

要素之一：精准的项目策划

作为公益项目，捐赠众筹前期必须要有精准的项目策划，只有将公益项目策划好了，执行起来才更加方便快捷。捐赠众筹是一个快速反应的过程，所以项目策划必须要精准，同时，要懂得创新，千篇一律的公益项目是不可能成功的。

要素之二：高质量的图片或视频，真挚的文字，多从细节入手

如果只是将公益项目拿出来让爱心人士来捐款的话，很大程度上是无法受到网友青睐的。发起者要做的，是用真实的文字、图片，或者视频去引导人们，在不知不觉中完成公益众筹。通过真实的图片、视频反映需要捐助者的真实情况，不仅能够向人们说明发起该捐赠项目的原因，更重要的是通过真实的画面触动人们的善心，激发人们的捐助动机，从而使得项目能够成功，并且能够真正帮助到需要帮助的人。

要素之三：有趣或实惠的回报

很多时候，大家都会对回报有很大的兴趣，如果在公益众筹之中，能够加入一些有趣或者实惠的回报的话，成功率可能会更大一些，这些回报可以是纪念品，也可以是受捐助者自己所制作和生产的小艺术品等。

曾经有一个项目，受助者是一个农民，由于销售渠道不畅，导致其一年种植下来的柑橘没办法及时销售出去，加之其急需一笔钱为家中患有小儿痴呆症的儿子治病。就在此时，一名记者通过博客报道了这则消息，一时间，引起了社会有爱心人士的广泛关注。不仅为其找到了销售渠道，有心人还在网上为其发起了一项捐赠式众筹项目，并以该农民所制作的小工艺品作为回馈送给各个捐款者，一时间，更多的人加入到了捐助的队伍中，帮助这个农民解了燃眉之急。

要素之四：创业者本身的影响力和创业者本身的故事

创业者的影响力是很重要的，比如说如果我们让明星转发一条微博，立即就会有很多人去转发、去回复。网友对创业者本身的信任会让

捐赠众筹的成功率大大增加。

要素之五：打动最亲近的圈子，不要脱离群众的关注点来做公益众筹

有些公益慈善项目策划是非常好的，执行力也到位，但是不能很好地抓住群众关注点，不能很好地解决社会问题，这样的公益项目注定是失败的，自然众筹也会失败。想要提高成功率，就不要脱离群众的关注点。

要素之六：发起人与用户有充分的交流

公益众筹对于公益发起人来说，是一个贴近公众的机会，有利于增强捐款者和募款者的互动，有助于公益项目与参与者形成更加紧密的关系。

要素之七：众筹平台应发挥应有的作用

众筹平台应该从多方面建立起自己的公信力，加大对于众筹项目及项目方和投资人的考察和审核工作。当下，众筹平台所充当的角色主要是项目的发布平台、资金的发放平台，对于回报发放和项目执行过程的监督，则往往以免责声明的形式减轻自己的责任。其实，对于公益项目的落实，众筹平台除了根据项目实际进度分期、分批拨付项目资金之外，还可以与项目发起方的地方公益机构、政府部门、热心人士主动联系，由他们来对项目实施情况进行监督，促进项目的落实。

公益众筹是一种全新的思维模式，让别人为你的公益理想买单，虽不是一件简单的事，只要付诸努力，理想与现实的距离就会越来越接近。同样，只要付出真诚，就会得到更多的回报。愿每一个在公益创业路上的人越走越远！

公益众筹也需要商业思维

公益众筹和商业众筹的区别，从两个方面可以分析：从发起项目的目的分析，商业众筹是为了获取经济回报，公益众筹主要是为了解决社会问题。从项目回报这个角度来分析，商业众筹回报是具有商业价值的，公益众筹是纯捐赠行为，有些是产品周边的回报，但是它的商业价值远远低于它捐赠的价值，所以中间溢价部分是有捐赠属性的。尽管如此，公益众筹和商业众筹也有着非常紧密的联系点，公益众筹同样需要商业思维。

1. 公益众筹产品的商业设计

做公益众筹可以用商业的思维来进行产品的设计。因为在众筹平台上发起的众筹项目目标的受众并不是传统热衷于公益的人士，而是喜欢在平台上关注非常有创意的项目的年轻人，所以在进行产品设计的时候传播点不能用眼泪指数，更多是要在产品设计的吸引力和项目设计的新颖度上来吸引公众。有业内人士强调，需要用商业思维进行产品的展示和传播。

同时，在有商业背景的综合类的众筹平台上做公益众筹，众筹平台对项目的筛选和指导可以用商业思维提出有效的建议。这也显现出公益众筹的商业价值。

2. 企业公益众筹筹什么

其实企业可以通过众筹的方式做公益，而且这种方式有利于增加企业与公众之间的互动，增强公众参与的积极性。

新希望乳业通过企业官方微博以及企业员工个人微博发起了“你点1个赞，我捐1元钱，为300名孤儿筹专属体检”的活动。该活动一经发起，即受到了人们的广泛关注，短短两天就收到了近8500个“赞”。这也意味着有8500人知晓了新希望乳业的这次捐助活动。

事实上，这种在微博上出现的由企业发起的所谓“品牌捐”活动都是这种形式；而这种利用互联网平台，连接企业、公众和受助人群的公益模式已经被很多企业采用。

依靠移动互联网开展社会化、众筹化公益行动是对传统公益模式的巨大变革，这种方式能更好地协调公益行为与商业目标之间的关系。但是与众筹不同的是，企业作为项目发起方筹集的不是资金，而是“关注度”，因此从严格意义上来讲这种项目并不算众筹，这几种模式还是企业社会责任和公益营销的一些具体方式。

第五章

奖励众筹：我给你钱，你给我产品或服务

奖励众筹即投资者对项目或公司进行投资，获得产品或服务，也就是“我给你钱，你给我产品或服务”。奖励众筹模式可以降低初创企业面临的消费者需求不足的风险，还可以在不付出企业股权的前提下建立起公司产品最早一批使用者的社区。为此，需要了解奖励众筹所涉及的领域、影响奖励众筹项目成功的因素、奖励众筹应该体现的五点价值、奖励众筹平台运作模式几方面的内容。

众筹模式新解

ZHONGCHOU MOSHI XINJIE

奖励众筹模式所涉及的领域

奖励众筹也称回报众筹，涉及科技、设计、专利、艺术、出版、农产品等领域，发起人通过承诺给予支持者以实物或服务的回报来吸引投资，捐资者或投资者不会得到经济和投资收益，而是实物、成就感等回报。回报方式是除股份、利润之外的其他方式，如实物产品、签名海报、支持者名单等。

1. 奖励众筹的应用与创新

奖励众筹通常应用于创新项目的产品融资，尤其是对电影、音乐以及设备产品的融资。还有一种情况是预先销售，指销售者通过在线发布新产品或服务信息，对该产品或服务有兴趣的投资者可以事先订购或支付，从而完成众筹融资。

奖励众筹在一定程度上可以替代传统的市场调研，进行有效的市场需求分析。同时，投资者参与事前销售的动机除了希望产品或服务被生产出来或实现外，在产品真实销售时获得折扣也是其中原因之一。

奖励众筹与字面意思相左的是，利用众筹平台，参与者最想要筹集的不是资金，而是人气。也正因为如此，奖励众筹成为企业产品营销“新宠”。对许多试水企业来说，筹资是次要的，通过众筹进行市场测试，带来营销效果，才是主要目的；而众筹最初的起源，是为了解决部分艺术家捉襟见肘的经济状况，之后才演变为初创企业或个人募集资金的一种方式。众筹过程带有团购和预售的特点，企业给予优惠价，来激发消费者的兴趣；而消费者的表现也有利于企业进一步完善后期的推广计划。

2014年6月26日，由股权众筹平台“原始会”牵头发起的大型线下路演推介会在北京举行。从此次推介会上参与展示的项目来看，主要集中在TMT（科技、媒体和通信）、医疗、教育等多个领域，共有生命汇、国学课堂、点课、Aladin易商展等多个项目参与推介。其中，定位于高端医疗保健服务的“生命汇”颇受瞩目，因为该项目筹备3年以来，就已经获得银泰集团和红杉资本的青睐，大资本的介入让“生命汇”在创业伊始就成功过渡到融资阶段。

初创企业并不缺钱，却选择通过股权众筹来融资，这就说明了继P2P之后，舶来品众筹也开始打上了中国的本土化烙印，呈现出不同的创新形式。“生命汇”此次登录原始会并不是为了筹资，而是出于汇集高端消费资源、实现整合营销的目的。在“生命汇”给出的一份“生命双资产”计划中，投资人实际上是以50万元的价格购买了股东性质的会员，日后不仅可以以股东价格购买公司产品，还可以拿到千分之一的公司股权，同时还可以享受全国三甲医院的就诊绿色通过等福利。

“生命汇”负责人表示，我们这次众筹的不是简单的股权计划，我们希望找到精准的消费者和引领消费者的那些销售“达人”，让他们成为我们共同的事业合伙人；而原始会负责人认为，我们可以把这看成是一次股权众筹和奖励式众筹的叠加式创新。投资者通过众筹模式不仅可以成为一个创新型公司的股东或者执行人，也可以获得实物型的奖励回报，而对初创企业而言，该案例可以看成是对商业模式在互联网时代和移动互联网时代的一次创新。

上述案例中的“奖励众筹+股权众筹”，即股权众筹和奖励式众筹的叠加方式，也是众筹模式的中国式创新。

2. 奖励众筹成为企业产品营销“新宠”

目前股权众筹、捐赠众筹、奖励众筹、债券众筹四种分类里面，以奖励众筹最受欢迎。对许多试水企业来说，筹资是次要的，通过众筹进行市场测试、带来营销效果，才是主要目的。也就是说，不差钱也筹钱，众筹更像一场新品发布会。

某奖励众筹项目按投资金额设置的回报分为6等，最低1元，最高49 999元，主要对应的奖品为有优惠价格的产品或礼包，以及产品上市后的经销代理权等。按照规定，如果众筹项目成功，发起人必须在“预计发送时间”内完成承诺回报的发放，才能获得这笔资金；反之，如果项目失败，支持金额则会退回支持者账户。

企业一款新产品上市之前，通过众筹也能帮助收回一些前期成本，提供后期拓展费用，不过在批量生产中，这笔资金只是杯水车薪。但更重要的是，通过众筹引起了大家的注意，其过程企业给予优惠价，来激发消费者的兴趣；而消费者的表现也有利于企业进一步完善后期的推广计划。

此外，由于众筹平台的发展，让众筹操作流程更简单：先和平台众筹团队进行沟通，确认该款产品众筹是否可行，若可行再确定方案和设计，项目如果成功，平台众筹团队会将首批款项交付给发起人，等发起人完成对支持者的承诺回报，平台众筹团队再交付尾款。“有了可靠的平台，发起人有章可循，支持者也感觉安全。虽然从现在来说，众筹还是个新兴领域，只做了个皮毛，但大家开始有兴趣了。对有些人，每天上网看看项目，做个小投资换换奖品，已经变得和网购一样平常。”一名众筹参与者这样说。

影响奖励众筹项目成功的因素

如何才能使奖励式众筹项目取得成功呢？一个好的项目固然是一个关键因素，但是事在人为，要成功地筹集到自己预期的款项，既要在筹资前做好充足的准备，也必须专注产品本身。

1. 筹资前做好充足的准备

一个好的项目，需要细致入微的有效宣传，古话“酒香不怕巷子深”在今日似乎显得不那么适用，前期的准备是一个奖励众筹项目成功与否的关键，例如视频介绍等准备手段是沟通投资人与产品的关键所在。在这方面，Pebble E-Paper智能手表项目的发起者——Eric的做法值得借鉴。

Pebble E-Paper智能手表是由Allerta公司通过Kickstarter平台发起的项目，这一项目最初融资目标定为10万美元，而实际是在2012年4月11日至5月18日短短37天之内就获得了68 929人的资助，累计筹资额达到了1000万美元。其中，天使资金在项目之初就给出了37.5万美元的天使投资。

该项目是典型的奖励众筹项目，其在发布筹资信息时就设定了相应的回报设置，下面选取其中5个回报设置予以介绍。

1美元：会让投资者了解到Pebble E-Paper智能手表的最新进展等独家消息，这一回报类别得到了2615位支持者。

99美元：为投资者提供一款零售价为150美元的黑色手表，美国境内免费配送，加10美元可送货至加拿大，加15美元全球配送。这一区间吸引到200位支持者。

125美元：可从3种颜色的手表中任选一款美国境内免费配送，加10美元可送货至加拿大，加15美元全球配送。获得了14 350位支持者。

240美元：可从3种颜色的手表中任选两款美国境内免费配送，加10美元可送货至加拿大，加15美元全球配送。获得了4925位支持者。

1250美元：把投资者的创意给该公司，公司为投资者设计制作专有智能手表，同时还能获得5款不同颜色的手表。美国境内免费配送，加10美元可送货至加拿大，加15美元全球配送。这一区间引起了20位支持者的关注。

要想获得营销方面的成功，奖励众筹项目的发起者得更现实些，提前对类似项目做好调研，并且还应该让项目内容一目了然，用过去的销售数据或市场调研数据佐证项目的前景，为投资人或捐助人提供有诱惑力的礼品。

2. 精心设计回报

俗话说得好："吃水不忘挖井人。"如果我们想发起一个众筹活动，一定要精心设计回报这一块。其方法和步骤如表5–1所示。

表 5–1　奖励众筹设计回报的方法

方法	实操要领
准备免费的纪念品	支持你项目的人来自五湖四海，互联网平台如此庞大，大家凑集在一起为项目各出了一分力，那么寄送一张带有地域特色的照片或者明信片更能凸显出亲切感，拉近与支持者的距离，并谢过那些信任你的支持者们，让他们"聆听"到你的真实发生的梦想经历
准备对支持者访谈	我们常说，"到群众中去"，"人多力量大"。我们可以拿起电话，一一向他们问候，听听他们对项目有什么建议，或者可以和支持者们来一顿特别的晚宴，或者来一场简单的私人音乐会，等等，各种小活动都会带动大家的积极性，让大家更加主动地发动各自的人际交往圈
现身说法	可以让一个支持者的形象亮相到你的项目中。也许一个特殊的支持者参与到你的项目中去会起到事半功倍的效果，那么我们可以征求对方同意后，让支持者为你录制一首歌，或者说一段话，等等，你会发现他们能为你带来更多的动力帮你完成任务
提供多样化的回报	在项目中一些支持者可能会支持100元甚至更多，但有些支持者只能支持10元。那么我们考虑每一位支持者的支持能力，尽可能地提供几组吸引各种人群的回报奖励，以满足人们的不同需求。当然我们要考虑一下成本，所以要计划行事，考虑周全

固然，还有很多因素决定一个奖励式众筹项目的成败，但是"自助者，天助之"则是亘古不变的真理。只要自己拥有一个优秀的项目，通

过充分的准备和精心设计回报，必能取得相应的成功。

奖励众筹应该体现的五点价值

奖励众筹是目前最受关注的融资方式，由于其“回报”的本质，所以其价值提供和价值传递的方式均有显著的差别。

1. 奖励众筹的价值

奖励众筹可以按照循序渐进的方式为项目发起人获得五种价值提供机会。如表5–2所示。

表 5–2 奖励众筹的价值

价值	含义
发现创意	众筹处于产业链的最前端，可以快速地发现和发掘有潜力的产品项目
需求验证	通过用户真金白银的投票支持，可验证项目是否符合市场需求，降低项目失败风险
“粉丝”获取	提供天然的路演平台，帮助发起人获得第一批忠实“粉丝”
融资背书	众筹后的数据结果，将为项目获得进一步融资提供最强有力的说明
融资合作	众筹平台会根据项目筹资表现的数据，提供借贷、孵化或投资等金融服务

由上可见，奖励众筹的核心诉求并不是直接的融资，而是筹人、筹智、筹资的过程。

由上述五种价值引发的问题是：第一，确认自己想要什么价值；

第二，确认你能给别人提供什么价值。为什么会引发这两个问题？因为奖励式众筹的要点在于，该项目必须能够完成承诺的回报，或者说“回报”就是奖励式众筹的本质。下面我们来讨论这两个问题。

2. 确认自己想要什么价值

如前所述，奖励式众筹可以按照循序渐进的方式为项目发起人获得五种价值提供机会。这些价值提供机会有的时候是全部存在，有的时候只能实现其中的一两个。

比如一个普通工作者或者是在校大学生，已经受到了足够多的“成功故事”洗礼，想看看苦思冥想出来的“产品”是不是“靠谱”，你就可以利用自己的周末，花上几个小时来制作出你的众筹项目，并通过十几天时间来验证你是否可以去做。如果你已经确定自己能够实施奖励众筹，能够如实兑现回报，那么就应该到众筹平台上花点时间来陈述你的愿望。

3. 确认你能提供什么价值

你把玻璃放在众筹平台上，它不会自己变成钻石的。但是如果你将玻璃制作成了一件独一无二的艺术品，就一定会有慧眼识珠的人为你这个行为表达青睐，当然也许只是“1元钱的赞”。众筹既然是一个验证的过程，其所验证的对象就是“价值”。你的项目可能是商品，也可能是某种服务，但都必须是显著的、清晰的表达，也就是说，你将为用户带来什么价值?

其实，关于“价值”的解释，普遍性的观点是“解决用户的痛点”，为用户带来便利性、安全性等可见的利益回报。还有另外一种价值机会，就是“触碰用户的G点”，即为用户带来感官、情感等非物质化的利益回报。

不管是“解决用户的痛点”还是“触碰用户的G点”，这都是发起众筹项目的前提之一。如果都没有办法让自己兴奋，那么陌生人一定不会用真金白银来支持你。

奖励众筹平台运作模式

随着互联网金融的普及，越来越多的个人投资者倾向于这种众筹平台的投资，也许这是目前“发烧友”或者是看重投资回报的人所青睐的。因此，了解奖励众筹平台运作模式，对投资者和平台方都是必要的。

1. 国内奖励众筹平台运作模式

国内著名的奖励众筹平台运作模式，如表5–3所示。

表 5–3　国内奖励众筹平台运作模式

平台	运作模式简介
国内众筹鼻祖：智能设备众筹平台“点名时间”（2011年5月成立）	作为国内第一众筹，“点名时间”从2011年进入国内以后起到了至关重要的教育市场的作用。用“点名时间”CEO张佑的话说，现在的众筹被媒体滥用而使得其失了原本的意义，但不可否认众筹的形式正在改变着社会对于融资的固有印象。虽然“点名时间”宣布将转型成为智能产品的首发平台，但浏览其网站可以发现，除了取缔原本那些电影、书籍方面的众筹项目外，与之前的形式并无大差别。也许“点名时间”想要弱化已经大众化的众筹概念，但其扮演的依然是嫁接需求方和投资方的平台角色

续表

平台	运作模式简介
年轻人新生活众筹平台：追梦网（2011年9月上线）	如追梦网的广告语一样，它面对的是年轻一代的“非股权”众筹。追梦网上的项目主要有科技、设计、影像、音乐、人文、出版、活动等几大类，众筹的项目回报可能是一本书、一张专辑、一次晚饭机会或者是多认识一个朋友。追梦网上的项目特色是，发起人筹资的目的更像是寻找一份帮助、一份关怀、一点希望，而每一个投资者所扮演的更像是天使，为每一个追求梦想的人提供帮助
娱乐影视众筹平台：阿里娱乐宝（2014年3月发布）	阿里系下的各类“宝宝”们给市场带来了很大的转变，原本的投资方式正在被颠覆，消费者有越来越多的选择可以收获比银行利息更多的回报。阿里娱乐宝是阿里数娱事业部推出的互联网金融产品，阿里数娱事业部负责人对外表示，通过这个平台，将能够改变过去文化产业自上而下的投资和生产方式，真正让用户更多参与其中，是C2B模式。目前通过娱乐宝众筹的影视项目包括《小时代3》《小时代4》《狼图腾》等，通过投资娱乐宝，投资人可以身临其境地作为制片方参与到影视作品的创作过程中，对于投资人和受资方来说，是双向的满足
用名人来进行众筹：众筹网（2013年2月上线）	众筹网上线之初是以名人来吸引投资者，如名星演唱会、快男主题电影等。对于早期的众筹市场来说，名人效应为众筹网积累了前期的种子客户，也为后期的发展提供了夯实的基础。在其网站上可以看出，虽然现在众筹网的项目已经涵盖科技、音乐、影视、艺术、出版、动漫游戏、公益、公开课、农业等领域，但其中音乐、影视、出版所占的比例能占到半数，说明其原始的基因并没有褪去，仍然是其平台的重点项目

2. 比较两大奖励型国际众筹平台

奖励型众筹平台有两个重要的代表：Kickstarter和IndieGoGo。Kickstarter是两个平台之中相对知名和发展得较大的一个，IndieGoGo在2008年就建立了，早于Kickstarter。如表5-4所示。

表 5-4 两大奖励型国际众筹平台比较

事项	运作模式比较
服务对象	Kickstarter倾向于富有创意的项目，追求精品效应；IndieGoGo没有限定它们的客户类型，无项目限制，大到企业需要融资，小到个人生病医治，都可以成为它们的服务对象。IndieGoGo的业务是全球的，而Kickstarter原本只接受美国银行账户，现在已经逐步开放
筹资规则	Kickstarter平台只收取在指定日期完成目标的捐资；IndieGoGo平台上则不管筹资目标是否完成，项目拥有方都可以收取捐资。Kickstarter用一个募集项目管理模式，如果你想通过Kickstarter募集，就一定要通过这个管理模式的审核。有一些类型的募集项目会被Kickstarter的管理项目自动拒绝。IndieGoGo的募集者可以自行设定募集战略，“全部或者零模式”还是“灵活资金模式”。灵活资金模式指融资在规定时间只要获得初始数目的预期金额，项目就可以进行，但费用将上升到融资额的9%。IndieGoGo对项目类别不做限制，因此，IndieGoGo上会有一些“稀奇古怪”的项目，如帮助车被偷走的邻居，为学校足球队买队服，为一对夫妇支付新生儿的生活费，等等
手续费	Kickstarter收取5%手续费；IndieGoGo收取4%～9%浮动的手续费

根据上述情况，有人把Kickstarter比作众筹领域的苹果，IndieGoGo则是安卓。

第六章

债权众筹：我给你钱，之后你还我本金和利息

债权众筹就是投资者对项目或公司进行投资，获得其一定比例的债权，未来获取利息收益并收回本金，也就是“我给你钱，之后你还我本金和利息”。这里讨论了债权众筹的五个议题：债权众筹和P2P的区别和联系，债权众筹与股权众筹相比谁更稳健，债权转让下的分包模式流程和要素，对债权众筹赢利模式的探讨，债权众筹贷款操作流程及风险规避。

众筹模式新解

ZHONGCHOU MOSHI XINJIE

债权众筹和P2P的区别和联系

债权众筹跟P2P很像，但又是不同的专业名词，那么，P2P和债权众筹有什么区别？相信这是一个投资理财的人都想弄清楚的问题。

1. 从债权众筹和P2P的定义上看二者的区别

债权众筹是指投资者对项目或公司进行投资，获得其一定比例的债权，未来获取一定的利息收益并收回本金，是属于多位投资人对一个债权人的交易模式。

P2P是Peer-to-Peer的缩写，是一种个人对个人的理财交易模式，面向的对象是有资金需求和理财需求的个人，融资人通过网贷平台发布标的来吸引投资者投资的一种方式。

从二者的定义上看其区别在于：债权众筹是一对多交易，连接双方的实质是购销关系，先交钱，后交货，是“资金流+物流”。P2P是一对一交易，是双向资金流。

2. 债权众筹和P2P的联系

其实，债权众筹可以理解为一种特殊形式的P2P。目前我国有些网贷平台业务模式逐渐细分化，各类创新不断推出。

P2P平台“聚米金融”曾经以债权众筹的方式给《文军西征》电视剧项目众筹100多万元，众多投资人共同投资一个项目，最终获得一定的收益，这就是一个典型的例子。

判断P2P是否属非法集资，需要从两方面着眼：一是借贷关系中不能搞资金池，必须是一个项目对应一个借贷关系和出借资金。比如你借1000万元，用了900万元，剩下100万元你用到了其他地方，那就有非法集资嫌疑了。二是一定要面向特定人群融资。P2P与面对公众融资是两个对立的概念，只有商业银行才能面对公众融资，P2P如果超出这个“特定人群”的范围，那就有非法集资嫌疑了。

债权众筹与股权众筹相比谁更稳健

投资者们更青睐于股权众筹和债权众筹，通过这两种方式获得实实在在的收益。但两者的风险是有差别的。

1. 股权众筹：预期投资回报率更高

如果投资者同样都是对一家公司进行投资，股权模式回报投资者的是公司的股权。这就意味着投资者的收益来自这些股权，不管是获得股份上涨的收益还是根据股权得到的股息，其中的不确定性因素都比较大，其收益可能会随着公司的运营情况发生波动，更有可能在大环境的影响下发生波动。从过去所统计的数据来看，股权众筹的收益可以达到30%以上，这是非常吸引人的。

当然，也要看到一个创业公司的失败率同样是很高的，根据统计，占相当数量的创业公司会在5年的时间内失败，随之而来的是倒闭，造成投资者的损失。因此股权众筹更要对投资者设置一个资金的门槛，让能够承受风险的人进来，将实力薄弱的人拒之门外，这也是对投资者的保护措施。

2. 债权众筹：投资更有保障

债券众筹，类似于P2P的形式，它对投资者的回报是按照约定的比例给予利息，届时投资者可以收回本金并得到承诺的收益。通常这样的收益率要低于股权众筹，但是风险也更低。

通过比较我们发现，股权众筹和债权众筹各有利弊。假如投资人风险偏好高，期望更高的回报率，可以参与股权众筹；假如投资人风险偏好低，期望稳健的回报，债权众筹的投资比例可以高一些。其实，无论是采取哪种众筹方式，分散投资永远是必要的，将钱投在不同的公司上，收益与损失可以进行弥补，从而降低投资的风险，这也是投资的基本原则。

债权转让下的分包模式流程和要素

基于当下P2P行业典型平台的发展模式，如何设计出适合债权众筹具体运作模式，关键在于风险控制与盈利模式，其总体思路如下：选择债权分包模式，债权分包模式最大的特色在于迎合了当前中国投资理财环境的现实状况，同时也不违反现有法律规定，这种模式是以某平台为项目选择的主体，而后选择合适的标的以获得债权，建立起基于风险控制和数据筛选为基础的债权转让模式，再通过向投资者募集资金以转让这些债权，并让投资者享受到投资性和流动性兼备的债权投资收益。

在这个过程中，每个项目都有目标金额和时间限制，项目必须在发起人预设的时间内获得超过融资目标的金额才算成功。没有达到目标的项目将退回所有支持者的款项以保障支持者的权益。所有项目发起人都是实名认证的。项目上线前都要通过工作人员审核、沟通、包装和指导；项目成功后，工作人员将监督项目发起人执行项目，确保支持者的权益。

一个成熟的债权转让运营模式，主要有以下几个关键环节。

1. 项目筛选

债权分包平台承担起甄别和筛选的任务，引入特约债权合作，例如，具有政府信用的应收账款债权以及大中型国有企业或者行业领先的民营企业的应收账款债权作为项目标的，为投资者筛选出优质的众筹项目。先从产品模型上规避系统性风险。结合行业信息和专业团队的行业投资与研究经验，综合安全性和收益率，从而选择成功率高的项目标的物。

2. 债权转让

对于债权转包模式的众筹平台，在债权转让的操作流程上是需要规范化的。这其中关键是债权转让环节，从项目和资金的匹配上而言，这个环节也是要遵循点对点的业务逻辑，以投资者的资金对接所筛选的众筹平台项目。在法律界限上，以平台先期获得债权，而后转让债权项目的收益权的行为也并不违反相关规定。同时，利用公司风险控制的优势来降低投资者的风险。在这个转让的过程中，需要明确的一点是项目筛选要先于资金，以保证项目和资金及时匹配，从而规避资金池和非法集资的风险。

3. 资金筹集

在项目端筛选和投资之后，平台需要将这部分债权放到网站上，以便投资者选择。对于投资者而言，在满足了投资风险分散的基础上，对所投资的项目也会存在临时的变现需求，也就是将平台投资的标的进行即时兑现或是平台回购。在所筹集资金的使用方面，平台除了要规避资金池监管政策风险之外，也要尽量避免期限错配，而无论是客户作为主体购买平台债权还是转让债权，其资金都是需要和项目期限一一匹配的，这也就一定程度上规避了期限错配风险。因此，在投资者资金的使用和分配方面，平台也是需要保证足够的匹配能力和调度能力的。

4. 风险控制

如何控制众筹项目的风险，信息的公开很重要，判断一个项目是一个真正好的众筹项目还是一个以众筹为目的骗取资金的项目，一个重要的标准就是信息是否公开。所以，对于以债权分包模式为主的平台而言，除了项目审核上的资产端风险，另一个重要的风险就是运营中的流动性风险和客户资金的流向跟踪。进行必要的信息披露，实现全程监控，杜绝资金被融资者挪作他用，避免出现P2P行业中的信息不完全披露或者不披露从而导致的“跑路”现象，因此，需要在债权转让的环节中保持一定的平台风险准备金，对于出现坏账的项目，需要及时补足投资者收益。另外，出于客户债权退出和回购的需求，也要保持一定的平台流动性。

5. 信息透明

对于具有一定开放式基金或者私募特色的众筹分包模式而言，通过持续的信息披露，能够保证平台的稳定运营。具体需要明确、公开项目来源，明确平台的投资比例和规模，并对所投资的项目收益情况和即时风险做明确揭示。要让投资者明确知道每1元投资资金都投向了哪里，每一笔投资的具体项目情况和收益情况，并根据透明化的债权结构和投资取向形成数据分析中心，以供客户查询、分析，资金一旦到达企业账户后，银行到账声明将在第一时间公布，彻底杜绝资金挪用状况的发生。举办债权人例会，借助第三方力量——媒体全程介入。项目资金募集后，将在报纸上定期定版公告相关信息，全程披露企业发债进度、项目进展以及重大事项披露，并参与到季度债权人例会。

以上就是通过分析债权转让平台所得出的众筹债权分包模式的大致流程和要素，特别是对于一个稳健运营、项目分散、风险可控的平台而言，这是参与债权众筹成功的关键因素。

对债权众筹赢利模式的探讨

随着互联网金融众筹模式的兴起，各大众筹平台也如雨后春笋般涌现出来，并不断向垂直化、专业化发展。众多众筹平台的赢利模式可分为以下几类。

1. 居间费

目前，无论是股权众筹模式还是产品回报众筹模式，几乎每一个众筹网站都会收取一定比例的成交费，这个数字通常为3%～10%，其中包括项目前期的审核、考察、包装及第三方支付平台的费用。这实际上是一种众筹发起人和跟投者间的互利安排：只有项目成功时才需交费，如果项目失败且没有资金转手，通常情况下抵押金或投资金将返还到投资者手上。

2. 推广包装费

除了提供给创业者和投资者的常规服务，一些众筹网站还提供额外收费的高价服务，这可能包括获得网站的咨询服务、材料评估、视频制作软件或专题位置。这种“免费增值”模式在高科技产业得以普及，似乎在众筹产业也大有流行之势。真正的众筹服务市场大幕即将拉开，这无疑会给众筹网站提供更多寻找合作伙伴和赢利的方法。

3. 会员费

虽然这种收费方式不常见，但一些众筹网站提供了“会员”或“认购”服务。比如每月只要支付若干美元，就可以创建任意多的项目。这笔费用是固定的，即便项目非常成功，众筹平台也不会从项目中抽取资金。

4. 股权

目前股权这种类型很少，只是个别众筹网站提出不仅要成交费，还要业务或公司的实际股权。这就不只是收取募集资金的百分之几的费用，还有公司的未来期权收益，这种收费方式类似于投资者的投资。

目前，一些发展比较好的众筹平台已经将短期内的盈利目标暂时放到一边，甚至有些平台不惜血本以占据市场份额为战略发展方向，总而言之，目前业内认可的标准化的赢利模式还在摸索中。如果掌握着优质项目，想要在商业模式上寻求突破的众筹平台，未来完全可以投资平台上的优秀项目甚至直接转型成为孵化器。

债权众筹贷款操作流程及风险规避

债权众筹其实就是P2P借贷平台——多位投资者对人人贷网站上的项目进行投资，按投资比例获得债权，未来获取利息收益并收回本金。对于投资者来说，规避风险、保证自己资金的安全是其所需考虑的首要问题。下表不仅反映了P2P贷款相关主体的运作流程，也体现了各主体在不同发展阶段所需规避的风险。如表6-1所示。

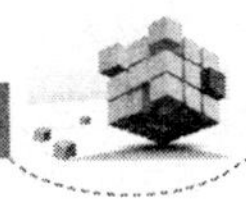

表 6-1 债权众筹贷款操作流程及风险规避

步骤	投资者	P2P平台	筹资者
第一步	用户注册	集合优质小贷公司的融资需求，在电商平台上开发优秀融资需求	发布筹资需求，提交信用审核资料
第二步	甄选符合自己投资意向的项目并投资	审核信用，发布需求	等待资金对接，根据情况调整需求
第三步	签订电子合同	筹资满额后放贷，寻求小贷公司担保，持续关注项目进展，监控风险	收到贷款，考虑是否二次担保
第四步	到期收回投资并支付相关费用	项目成功，单、双向收取费用；项目违约，追偿债务，按约定赔付	到期偿还

P2P的操作非常简单方便，一切流程只需要一台电脑就可以全部搞定，投资者与借款需求者不需要见面或是找人认证，就可以把钱放出去，另一方可以把钱拿到手。

第七章

平台奥秘：众筹平台运作模式

众筹平台利用互联网和SNS传播的特性，让小企业、艺术家或个人对公众展示他们的创意，争取大家的关注和支持，进而获得所需要的资金援助。用户的支持是众筹平台成功的关键，只有用户的支持，众筹平台才能形成影响力，真正实现价值。通过对国内知名众筹平台运作模式的介绍，我们可以了解到当用户浏览完这些众筹平台的项目后，众筹平台是如何帮助用户完成操作项目的。

众筹模式新解

ZHONGCHOU MOSHI XINJIE

贷帮网运作模式

贷帮网是深圳贷帮投资有限公司打造的第三方信贷信息服务平台，于2009年成立，公司通过收集小微企业、个体工商户、农户等借方的借款需求，经专业分析和评级后，推荐给有投资需求的都市白领为主体的贷方，并通过贷帮网站撮合，以“多对一”的方式完成借款筹集过程，贷帮从中收取信息咨询管理费维持运营。贷帮网在不断扩大微型金融的覆盖范围，提高服务质量，已经建立上千个分支机构，覆盖中南地区的大部分欠发达地区，服务千百万“草根”创业者。

贷帮网的运营模式有以下内容和特色。

1. 上门调查、信息验证

贷帮网选定项目落地点设立办事处，由专业的工作人员和当地的农民信贷员直接上门收集贫困农户的借款需求，并对调查资料进行多方核实和验证，确保借款需求的真实性。

2. 风险评估、信用评级

每一笔借款资料都要经过逐层的严格的信贷风险评估，最终确定申请人的信用等级和贷款额度后上传至网站平台。

3. 线上撮合、提供担保

有爱心和有投资需求的人通过在贷帮网注册成为城市会员，自主选择借款农户借出资金，没有资金额度限制。为了防范可能出现的投资风险，贷帮网提供不同比例的本金担保，贷款人在出借贷款时可自主选择担保的比例。

4. 贷后管理、持续服务

在借款期限内，办事处工作人员定期跟踪农户的项目运作情况，并提醒农户按时还款。农户按月分期还款，贷帮网分配还款到城市会员的账户中，城市会员可以随时申请提现。

5. 流程简便

贷帮股权众筹平台的运作流程包括四个环节：首先由创业者进行项目申请，然后由天使投资人进行保荐，再由众筹平台进行项目信息的发布，最后由投资人在众筹平台上参与项目。这四个步骤完成了，就意味着这个众筹项目运作完成。

6. 项目亮点

贷帮股权众筹项目有三大亮点：一是有保障。所有的项目都是已经有天使投资人投资的项目，并且经天使投资人推荐，所有的项目都由天使投资人担保，投资第二年后如果项目失败或倒闭，则该项目的天使投资人担保全额退回投资人的投资款，担保期为1年。二是免费。优惠期间平台免收佣金和股权转让手续费。三是通畅的退出机制。投资人在6个月封闭期之后，持有的股权可在贷帮众筹平台上交易。

贷帮平台上的债权众筹也好，股权众筹也好，都是以互联网小微金融的形式来服务农村城镇化，可以吸收社会闲散资金来一起推进新型城镇化建设。

天使汇运作模式

天使汇，是我国起步最早、规模最大、融资最快的天使合投和股权众筹平台，于2011年11月正式上线运营。它是助力天使投资人迅速发现优质初创项目、助力初创企业迅速找到天使投资的投融资平台。

1. 创业者和投资人的牵线者

在帮助创业者融资过程中，天使汇扮演了两个角色：一是帮助创业者快速融到可靠的资金，二是让创业者快速成长。天使汇所做的就是培养这些创业者融资和甄别投资的能力，帮助创业者建立企业家意识和精神，确保创业者的利益不被投资者所伤害，从而实现公司的长期发展。

如果你是一位创业者，首先要做的是在平台上创建项目，这个过程也是梳理思路、完善定位的过程。在创业者提交完资料后，天使汇有专门的团队负责筛选。标准有三：一是看创业者个人情况，二是看其所做的事和能力是否匹配，三是看项目是否可持续发展。

在项目得以融资后，天使汇还会继续推进项目。比如某关注女性健康的初创公司曾经就是天使汇的用户之一，在拿到融资后，天使汇还会继续为其推荐资源，包括客户、流量、市场、人才。

未来天使汇主要在两个方面发力：一方面是提高服务企业数量和服务的范围、服务能力，它把目标定在5年做到10万个创业者；另一方面，除了融资服务外，后续会以服务为核心，帮助创业公司找到人才、分配人才，获得后续融资。

2. 平台多样化服务

天使汇股权众筹平台为投融资客户提供了多样化服务。为迎接中国IPO注册制和新三板的机会，国内最大的股权众筹平台天使汇在2014年与深圳证券交易所成立了合资公司。

天使汇在2015年与新三板达成合作，为天使汇平台的创业者提供从新三板到创业板转板的服务，为创业公司提供一站式的资本市场解决方案；天使汇股权众筹平台通过与交易所合资设立的中关村创业大街大屏幕，为创业者营造融资势头，举行上市的敲钟挂牌仪式；针对融资过程中可能出现的各种问题，天使汇为创业团队提供创业早餐会、一对一创投约谈、预路演等服务，帮助创业者发掘项目亮点，使其能够在有限的见面时间内向投资人展示真正关注的内容。

3. 业务拓展及创新

2014年天使汇步入正轨，行业受到国家重视，正式合法化，公司连续开展了多方向的业务拓展，加强了作为股权众筹平台的服务深度。具体体现在以下两个方面：一是O2O服务。天使汇开始进行线下闪投路演活动，定期组织投资人参与天使汇筛选项目的路演，进一步在现场进行对接服务，全程把控项目进展。由于线下沟通更加方便，且防止了跑单发生，在天使汇上融资成功的项目比例明显提升。二是提升流量。在投资人、创业者两端，提供创业咨询服务。2015年，天使汇开展了100x加速器活动，仿照美国YC模式，帮助优秀的创业项目团队进行一系列的培训。在投资人端，2014年10月设立天使汇跟投指数基金，为具有投资倾向的投资人提供一个新渠道和方式，吸引了大量天使投资人的关注。在创业者端，2015年成立Dotgeek咖啡馆以及创业大街的宣传巨屏。

为了提高融资效率，天使汇持续不断地进行投融资模式创新，“闪投”就是改变创投运作方法的手段之一。截至2015年8月，天使汇在北京共举办了17期闪投，深圳一期、杭州两期，共163个项目成功路演，有近50%的项目当场获得超额认购，超募幅度最高达到460%，有954人次的中国最活跃投资人参与其中。从全球范围来看，闪投创下了融资效率最高的纪录。

天使汇股权众筹平台从线下将创业者聚集起来，提供活动沙龙、线下广告宣传等一系列服务，弥补了天使汇线下流量，使得线上线下并举。

大家投运作模式

大家投是以融资为主体的网络平台，于2012年10月正式上线，专注于股权众筹融资项目，为创业者和投资人提供高效的众筹服务。从平台性质来看，大家投就像一个供创业公司卖股权的“天猫商城”，天猫上卖东西，大家投上卖股权。

1. 降低天使投资人门槛，是服务于我国“草根”的众筹平台

在大家投平台上，创业者可以按照平台的要求填写商业计划书，填写融资额度等需求，而投资人如果看中这个项目，就可以选择去领投或者跟投这一项目，如果投资人认领的额度达到创业团队的要求，那么这个项目融资成功，多位投资人成立一个有限合伙企业，由领投人负责带领大家一起把资金分期投给创业团队。大家投这个平台每撮合成一个项目，就会抽成5%作为平台的回报，这个费用包括有限合伙企业工商注册代办与5年内的报税年审费用。

大家投帮助众多创业中的企业向梦想的道路不断迈进，也在中国培育了一大批天使投资人。

2. “领投+跟投”模式

大家投的项目采取“领投+跟投”的融资制度，即由具有一定资质的领投人认投一定数额的资金，其余的跟头人陆续跟投，当凑满融资额度后，领投人会以自己与跟头人共有的注册资金集体成立有限合伙企业，完成有限合伙企业注册、投资协议签订、工商变更、资金注入等一系列程序。当项目所需要的资金募集完成，投资人按照各自的出资比例占有项目出让的股份。

3. 第三方资金银行监管账户“投付宝”

第三方资金银行监管账户“投付宝”具有支付、资金托管功能，保障账户管理与资金流向的安全。对项目感兴趣的投资人，可以将资金先打入兴业银行监管的第三方账户，当公司注册验资时再拨款进公司。投付宝的好处是可以分批拨款，比如投资100万元，先拨付25万元，根据企业的产品或运营进度决定是否继续拨款。投付宝的出现解决了项目方对资金稳定性的需求，同时降低了投资方资金安全方面的风险。

对于项目发起者来讲，有了投资款托管后，出资人在认投项目时就需要将出资款转入托管账户，认投方可有效，这样就有效避免了以前出资人轻易反悔的情况，会大大提升项目发起者的融资效率；由于出资人存放在托管账户中的资金是分批次转入被投企业的，这样就大大降低了出资人的投资风险，出资人参与投资的积极性会大幅度提高，从而提高项目发起者的融资效率。

大家投股权众筹平台作为早期股权众筹平台之一，对业务的不断挖掘与拓展，以及营业模式的不断创新，在行业发展中起到了领头作用。与此同时，行业经验的积累以及大量的成功案例也提升了大家投的品牌影响力。

追梦网运作模式

追梦网是一个分享创意、推动梦想的Kickstarter筹资平台，在这里你可以发起、支持不同的创意梦想项目，也可以浏览他人的梦想故事，参与不定期的线下活动，与其他的追梦人进行交流。追梦网的目标是推动国内的科技及文化创新，让有梦想有创意的年轻人都可以创造最想要的自己。

1. 追梦网运作模式

在追梦网，每个项目都有目标金额和时间限制，项目必须在发起人预设的时间内达到或者超过目标金额才算成功。若没有达到目标金额，那么所有款项将退回到支持者的账户，保障支持者的资金安全。

所有项目发起人都是实名认证。项目要通过追梦网的工作人员进行审核、沟通、包装、指导才能上线。项目成功后，工作人员将监督项目发起人执行项目，确保支持者的权益。

2. 追梦网的服务

进入追梦网注册登录后，点击 “发起我的项目”，按照项目大纲填写完整的项目方案。每个项目必须包含：你是谁，你想做什么，你需要多少钱，你如何执行，为什么你有能力执行，设置目标金额（最低1000元，最高无上限）和时间（10～45天）以及给予支持者的回报，确认完整无误后提交审核。追梦网会在3个工作日内对项目进行反馈。

追梦网接受以下类别的项目：艺术、漫画、舞蹈、设计、服装、电影、游戏、音乐、摄影、出版、科技和戏剧。对于在网站类型中未能列出的项目类型，用户可以通过官方微博或站内反馈等形式与追梦网取得联络予以咨询。

追梦网用户如果想支持一个项目，只需在任何一个项目页面上选择不同的回报，并点击相应的“支持”按钮，然后通过支付宝或财付通等第三方支付服务，或是国内各大网络银行或信用卡来进行支付。

人人投运作模式

人人投是国内首家实体店股权众筹平台，为投资人及店铺项目方开拓了一条全新的投资渠道。在引领这条新道路的同时，人人投本着负责的态度，为“草根”天使投资人寻找并筛选出优质的实体店铺融资项目，通过线上展示与线下路演相结合的方式，为项目方提供快速的融资渠道，也为投资人提供了详细考察项目的机会。

1. 人人投特点

人人投具有以下几个特点：一是专项投资，二是聚集资金，三是线上交易，四是安全融资，五是借力聚势，六是灵活投资。如表7-1所示。

表 7-1　人人投股权众筹平台的特点

特点	含义
专项投资	专注实体店面项目，主要是以身边店铺为主，已有成功的经营理念与经验
聚集资金	为项目方更快更好地开更多的分店
线上交易	为投资者搭建项目交流平台，实现投资方项目的洽谈与交易
安全融资	项目方和投资者在融资成功后，人人投收取一定比例费用，融资失败则不收取费用
借力聚势	汇聚各界大众投资人，凝聚投资人的力量，助力项目发展
灵活投资	投资金额为2%～100%，根据投资人意愿自由投资

2. 人人投模式

人人投是国内以实体项目为主的股权众筹服务平台。有意向在人人投平台融资的体验店项目，需要在人人投平台注册成为会员，通过人人投平台的身份审核后，可发布项目的相关信息到人人投平台，人人投平台团队负责项目的审核工作，通过人人投平台审核的项目，就可以在人人投平台进行预热融资，预热融资完成后，项目即进入正式融资状态。

此外，人人投对用户的注册信息、账户信息进行加密处理，绝不会以任何形式将这些信息透露给第三方。

3. 人人投融资步骤

在人人投进行融资，只需要五步：第一步，一分钟轻松加入人人投；第二步，创建并完善项目内容页，提交申请；第三步，通过审核，发布项目，进行预热；第四步，预热成功，线下路演，正式上线，进行在线融资；第五步，融资成功！

第八章

实操指南：众筹融资操作实务与技巧

众筹融资有规则，要想融资成功，就需要遵循一定的操作原则和技巧。这里讨论了这样几个议题：众筹融资前需要弄清的问题，如何成功操作你的众筹项目，如何撰写众筹的商业计划书，非营利性事业如何成功众筹，投资者众筹应该注意的五个问题，众筹持股方式应该如何设计。相信这些讨论对众筹融资一定会有帮助。

众筹模式新解

ZHONGCHOU MOSHI XINJIE

众筹融资前需要弄清的问题

现在，越来越多的人通过众筹融资实现了自己的梦想。对于众筹融资之前的准备工作，这里专门整理了相关资料，帮助众筹参与者弄清楚一些问题。

1. 梦想要切合实际

如果创业者不是在网络上有一定的人气和号召力，那么初次发起项目时，中小规模的项目更为合适。设计一份产品介绍放到众募平台上，只要产品做得有价值，自然会有人来投资；而投资人只需像逛淘宝一样看看网页就能找到不错的投资项目。通过众募平台创业者不仅可以得到项目的启动资金，此外还可以在量产前测试他们的产品是不是真的被大众接受，即使没有获得投资也不一定是坏事，创业者至少不用再为一款不被认可的产品浪费更多的时间和金钱。

2. 确定众筹要素

项目的顺利开展一般需要具备六个要素：资金、核心技术、团队、制度、渠道和特殊保障条件。如表8-1所示。

表 8-1　众筹项目顺利实施六要素

要素	含义
资金	就是项目顺利开展所需的物质条件，获取方式有贷款、股权、众筹、私募等
核心技术	就是产品的亮点、创新点，在第一二产业中是产品，在第三产业中是服务

续表

要素	含义
团队	团队是根本，研究表明，人是所有项目运行成功的关键
制度	制度也可以说是企业对内外的政策，对内有薪酬、绩效等激励评价举措，对外有市场拓展、定价定位方案
渠道	指的是进货和出货渠道，商家讲究的是低买高卖，利润最大化，如何降低进货成本，如何使出货渠道畅通也是重要的环节
特殊保障条件	一般来说，特殊保障条件是指受限设备，很多时候有资金未必能得到一切资源，比如美国禁运的敏感性设备

在以上六个要素中，唯有资金和出货渠道适于众筹，但需要其他要素都已满足的情况下进行，否则会出现多领导多方案、效率低下等问题。比如有人众筹餐厅，本来是好事，但在其他要素都不具备的前提下就开始众筹资金，待到资金众筹完毕，才开始选址、组建团队、确定销售方案和核心技术等，结果众口不一，众筹的归属感和参与感过强导致项目无法进行下去。该项目正确的众筹模式是地址已选好，团队已组建，菜品等核心技术已具备，市场以及内部管理制度已起草，原材料采购渠道已畅通，万事俱备，就差钱了，这个时候采取众筹就是最佳时机。

3. 确定众筹项目的份额

众筹参与者最关心的还是众筹以后的收益。众筹者的份额确定一般有两种方法：第一种是事前法。对项目进行价值评估，项目价值评估后按照出资情况可以预判每个众筹者的份额，价值评估应结合当前市场环境、核心竞争力等委托第三方进行。第二种是事后法。方法是起草众筹方案时不确定众筹比例，年底企业进行内部财务报表公开，确定可分配红利数额后，按出资比例分配。

4. 了解支持你的人

发起一个众筹项目，也意味着你被舆论“绑架”了，最好要有一套行之有效的应对计划，如果产品出了问题该怎么办？就算最坏的局面出现，也一定要做好沟通工作。因为，众筹只有一次机会，“生”或“死”很可能就在一瞬之间。

了解支持你的人，尽可能利用他们的资源，千万不要把众筹当作一锤子买卖。另外，随着众筹营销化，很多成熟公司都纷纷发动资源到处抢占地盘。一定要争取众筹平台的支持和资源，否则你的胜算很小。

5. 选准行业切入点

对于想通过众筹模式来创业的人，先使用产品众筹的形式作为初创阶段的尝试，使用产品众筹模式的关键就是选准行业的切入点，这需要对行业发展、客户需求有着精准的把握，从而使众筹项目更加吸引人。在美国众融平台第一巨头Kickstarter上，最受欢迎的产品类别为“舞蹈类产品”，以下依次为戏剧、音乐、艺术、漫画、食品、影视、摄影、设计、游戏、科技、出版、时尚。

6. 弄清众筹不仅是筹钱

如果你的产品足够好、支持者足够多，引起了媒体和公众的关注、讨论，不仅对于后续产品的销售大有裨益，还有可能会被某个有实力的投资者看上。所以，如果你真的缺钱，众筹可能帮不了你；如果你想要用户、营销、品牌，众筹倒是可以一试。

就企业而言，众筹融资对企业的好处是多方面的。专家们通常认为，通过众筹集资，提高了公司本身及其产品、服务的曝光率，由此带动产品销量上涨。所有众筹融资成功的公司，不论是奖励式、债权式还是股权融资，其营销收入较众筹集资前都有增长。特别值得关注的是，股权筹资企业的季度收入的增长更大。在众筹活动中，出资人不再是那种投资大公司的“被动投资者”，而是把自己当作一个“主动投资者”，因其对自我投资的兴趣关注度更高，进而对投资品牌的忠诚度也更高，无形中演变成了一股新的销售力量。另外，众筹集资带给众筹参与者的体验经常是超过他们的期望，这对企业来说意义非凡。比如全面投产前的产品反馈、市场营销意见、投资者的知识和经验等，这些本来是公司需要花巨资从咨询公司获取的，但是现在却能从投资人那里得到。

如何成功操作你的众筹项目

并不是所有的创业者在众筹网站上都可以获得最后的成功，再加上众筹网站对于项目的一些审核机制，很多项目甚至未上线就会夭折。所以，对于发起人而言，需要掌握一些项目操作技巧。

1. 策划好众筹项目

众筹成功有三大原则：一是痛点被满足，产品要叫好；二是故事加情怀，社会化传播；三是设计参与感，打造“粉丝”经济。也就是说，首先要找到用户的痛点在哪里。找到了用户的痛点，还要找到他们对这款产品的兴趣点。两者都有了，还需要讲一个有情怀的温暖的故事进行传播。再后，要营造参与感，做好社会化传播，让用户参与进来，形成助推，这样就能调动起一股强大的传播和参与力量，最终建立“粉丝”群，设计形成参与感强的众筹环境。这样的项目才有可能众筹成功。

2. 定价别高，注重回报

千万不要对自己的项目过于自信，众筹网站毕竟还是投资项目，投资者理应获得一定的回报。尤其是在中国，众筹网站目前更多给予投资者的还是物质回报，因为创业者本身在物流、生产等方面没有很好的保证，所以价格理应定得比其他渠道更低。

想清楚你能提供什么回报来激励投资者解囊相助，你要认识到，这不是一项慈善活动，他们也不会因为投资得到你公司的股权，所以你必须提供一些其他真正对他们有价值的东西。

3. 注重与支持者交流

这个话题其实属于社会化传播范畴。一个新的众筹项目上线，在引发众筹用户围观的同时，难免会有很多人对此项目进行评论，或者以“猎奇”的心态，褒扬项目的优点，或者以“资深用户”的心态，直接指出这个项目的不足。这个时候，无论用户的评论是好是坏，众筹创业者都应该加强与这些用户的交流。与众筹支持者的交流很可能成为项目“逆袭”的机会，这类似于客服或者导购，你一定也不喜欢支持一个服务态度傲慢的人，更何况众筹本身就是一个为梦想买单的模式。

如何撰写众筹商业计划书

商业计划书是企业经营的“兵棋推演”，用来初步分析创业目标实现的可行性，也用来评估创业者的管理水平和创业项目的发展能力，因而投资人在考察项目的过程中，对商业计划书的质量是比较看重的。股权众筹的发起人，如何完成一份高质量的商业计划书呢？

1. 商业计划书通用要素

制定商业计划书的根本目的，是要说明清楚：创业企业需要多少资金？为什么值得进行该笔资金的投资？通用的商业计划书大致包括10个部分来说清楚这两个问题。如表8-2所示。

表 8-2 商业计划书通用要素

序号	含义
1	摘要。让读者能在最短的时间里评估商业计划并做出判断
2	企业和项目介绍
3	产品和服务介绍。重点是新技术、新工艺或新商业模式将带来的新发展
4	市场需求分析
5	市场销售渠道分析
6	产品和服务的定价策略。在市场波动中，企业需重视现金的收支，因此流动资金常常比利润更为关键
7	发展战略和风险分析
8	企业管理情况介绍
9	销售预测和财务预测。需要花较多的精力来做具体分析
10	其他需要说明的事项，如选择投资者的条件和要求等

2. 股权众筹商业计划书的独特性

股权众筹是所谓的“互联网金融”，但通常互联网与金融的表现形式却大相径庭。金融机构的特点是保守稳重，其从业人员的衣着也以深色的正装为主；互联网的特点是创新和平民化，其从业人员的衣着也是以T恤衫和牛仔裤等休闲装为主。两者的结合势必对原有商业计划书等融资文件的表现形式有所影响。股权众筹商业计划书的独特性体现在以下几个方面。如表8-3所示。

表 8-3 股权众筹商业计划书独特性要求

要求	含义
平民化	目前在股权众筹平台上的投资方一般以个人投资者为主，平台运作方式上也表现出平民化风格，因而商业计划书的结构要简单，具有“去权威化”特点。例如，云筹在开发项目时，并没有像传统投资机构那样要求创业者一定要有严谨的商业计划书，也没有把商业计划书放到网站上供投资人下载或审阅，而是把商业计划书的核心关注点和精髓抽取出来，做成可读性和视觉效果更好的材料，注重移动阅读和“美术”体验，特别强调阅读的趣味性。对那些缺乏经验的个人投资者，特别是从网上来的投资人而言，阅读规范的商业计划书是件头疼的事，他们更乐意对自己感兴趣的或者原本比较熟悉的领域的项目进行投资尝试，毕竟众筹投资门槛低，一旦成功，收获和趣味无穷。专业的投资分析与判断，在一定程度上需要领投人关注更多，也有赖于像云筹那样的投资经理团队去把握
具有招股说明书属性	招股说明书是就融资或发行股票中的有关事项向公众披露，并向非特定投资人提出入股要约的邀请性文件。可以说，股权众筹的商业计划书，就是一份招股说明书。传统意义上的商业计划书只是为少数特定投资人进行融资或其他目的而制作的文件，而招股说明书是为公开融资招募股东而制作的文件。股权众筹是不能避讳招股的属性的，招股说明书的结构、要点、披露范围等对股权众筹商业计划书来说，具有重要的参考意义
特有内容和投资人的福利	股权众筹项目的产品设计，要有特色地设计投资人权益、参与机会和资源利用，在其商业计划书中则需要对这些设计的内容进行表述和披露。包括但不限于向投资人免费赠送一些新产品，给投资人试用机会，提供特别VIP的待遇，等等，让投资人更深刻地认识到新产品的作用和意义，同时利用投资人的社会联系来有效地扩大新产品的影响力，开拓销售渠道
要符合众筹平台的要求与规范	股权众筹一般是通过平台来进行，可以充分利用平台的标准化服务，利用平台的广泛资源型群体，这其中包括遵从商业计划书的要求与规范。通过平台融资，项目表述的角度和内容一致而规范。众筹项目是否能够融资成功，一方面取决于项目本身，另一方面取决于平台的传播与背书属性。做众筹平台的商业计划书，不但要方便于在线浏览，还要方便于传播

续表

要求	含义
融资过程中的内容更新	传统的商业计划书通过纸质的文件形式来传递，只要发出来就已经过时，而企业一直在变化和成长中。股权众筹平台一般都是互联网在线平台，项目方可以随时更新、补充项目资料，保持重要事项的同步更新。补充的信息可以是产品进展、团队变化、市场反馈，也可以是融资过程中其他投资人的反馈与评价，融资进展。最新的资料和及时的互动，往往是产生信任感、促进投资人做出投资决定的重要因素

由于股权众筹商业计划书拟定的结果在一定程度上反映了创业者的管理水平和创业项目的发展能力，因而投资机构在选择和考察项目的过程中，很看重商业计划书的合理性和逻辑性。倘若投资，投资人与创业者进行谈判的基础，以及企业价值衡量及对赌条款，都是根据这个商业计划书来进行的。可见商业计划书的重要性。众筹商业计划书的撰写一定要注意语言的运用，要做到准确而专业。

总的来说，一份计划书要有明确的信息，告知大家你的项目，这个项目有多么好，需要多少投资，另外要足够有趣，以让人能够注意到你的计划。

非营利性事业如何成功众筹

非营利性事业做众筹是未来的一个趋势，众筹平台也将助力非营利性事业众筹的发展。非营利组织在众筹平台上既可以找到支持者，又可以让更多的人发现这个组织并为其捐款。但要注意，众筹不只是增加曝光率，它与其他形式的筹款一样并不简单。如果非营利性事业能够正确实施众筹，就可以而且应该比其他的筹款方法更具成本效益。为了使读者对非营利性事业的众筹有更深入的了解，下面列出了挑选众筹平台的五个要点和项目成功的三个条件，它们能够大大提高非营利性事业众筹成功的可能。

1. 货比三家再行动：五个挑选要点

非营利组织如果有意通过众筹平台进行众筹募资，务必先货比三家。每一个网站的特色、费用和效益都不甚相同，具体如表8-4所示。

表 8-4　非营利组织挑选众筹平台的五个要点

要点	实操要领
平台吸引力	众筹网站募资网页看起来如何？够吸引人吗？这些网页能吸引赞助者吗？也就是说，大家会用这个网站捐款吗？过去有没有非营利组织用这个平台募资成功？你要用的网站，至少要有一定的流量和造访人数。最理想的情况是，有人会浏览网站，寻找他想支持的理念，因此陌生人和仅在网络上看过计划的人也可能捐款给你
平台门槛	众筹平台设置募资页面的手续困难吗？必须懂HTML（标准的超文本标记语言）或其他编排语法才能让网页更美观吗？在募资网站相关规范之下，提出项目的困难度有多高？举例来说，募资平台 ，Kickstarter ，规定提出募资项目时，必须提交一幅影片；Fundraise. com ，则只需提供引人注目的照片，不需要提交影片
平台付款方式	赞助者可以借由何种付款方式捐款给你的组织？网站接受所有主要的信用卡公司吗？可以用电子支付吗？募得捐款要多久才会拨款到组织的银行账户？
平台成本	使用这个募资平台总共要付出多少费用？有月缴费用或提案费用吗？信用卡手续费呢？寄出支票或结算单的费用另计吗？
平台营销能力	网站提供何种工具，帮你传递募资信息？在社群网站上宣传并连结募资页面的简便度有多高？你的支持者是否能自行设置页面支持你的计划，并将其他捐款汇集到主页面的募资计划？

2. 达到目标的三个条件

如果想要尽可能地拉高众筹的成效，你的非营利组织务必做到以下三件事。如表8-5所示。

表 8-5 非营利组织达到众筹目标的三个条件

条件	内容要求
设计引人注目的网页	想利用众筹网站找到新的捐款者并支持组织理念，最好的方法就是先设计出激励人心且引人注目的募款网页。利用照片或影片说出精彩的故事，向众人明确解释你所需要的金额，以及这些资金的用途为何
从既有社群出发	务必借助并善用你所属组织原有的社群，发起网络募款。让所有人清楚你募资的目的，包含赞助者、支持者、员工、志工和董事会等。请他们把募资计划寄给他们认识的每一个人，请他们的亲友团捐款给你的计划。直到你从原有社群得到一定程度的支持，显示你是认真要推动计划，之后才有可能从众筹网站募得捐款
强力宣传募资计划	别忘了尽可能地宣传你的众筹计划，把募款链接放在官网首页，链接到推特等社群网站。试着提供有新闻价值的故事，吸引地方媒体报道。抓紧所有曝光宣传的机会，让你的项目变成热门话题

投资者众筹应该注意的五个问题

对于所有想要参与众筹的投资者而言，在投资之前有一些问题是你必须要知道的。下面是有意试水众筹的投资者应该注意的五个问题。

1. 投资熟悉的领域

普通人参与股权众筹，千万不要把自己当作风险投资人，最好是选择传统的行业，收益可预期、持续且稳定，最好不要追求高风险、高回报。在这个前提下，认真考察自己的投资项目，在自己熟悉的行业领域或地域范围投资。

风险投资项目一般具有高风险、高潜在收益的特点，风险投资人会向大量的项目进行投资，而大部分的项目都会投资失败，但是只要其中少数几个创业项目上市了或被并购，投资成功的收益回报，不仅可以弥补投资失败的损失，还能有很高的盈余。股权众筹投资门槛低，所以绝大多数众筹股东都是普通百姓。众筹投资人不可能有大量资金向众多项目投资，一般也就投资一两个项目，如果这一两个项目做砸了，那就是血本无归。风险投资人一般会对行业有深入的研究，对项目商业可行性的判断相对专业，而普通百姓可能更多的是听信于众筹发起人的鼓吹，缺乏判断的能力，投资的风险也就更高。所以，把资金投向自己了解的领域，这样投资起来心里更有底，也更有可能获得成功。

2. 了解众筹的门槛

产品预售的门槛相对较低。一般一个产品的价格从几十元到几百元，相当于是缴纳产品的预付款。作为投资者，只要你对产品感兴趣，就可以投上一笔资金，接下来就是等待产品完成之后寄送到你的手中了。股权众筹则不同。为了确保投资人有相应的风险承受能力，平台一般都会对投资人设置一些门槛。

由于众筹模式中会有多个小额分散的投资人投资一个项目，要创业者一一接受所有投资者的咨询和调查，将耗费大量的精力。所以众筹网站往往会实行“领投+跟投”的制度，即选出一位具备资金实力、有投资经验或者某方面有专业技能的人做领投人，负责协调投资人与项目之间的关系。

以国内的平台为例，爱创业的模式中只有专业的风险投资机构能够充当领投人。天使汇对领投人的规定是“在某个领域有丰富的经验，独立的判断力，丰富的行业资源和影响力，很强的风险承受能力；能够专业地协助项目完成BP、确定估值、投资条款和融资额，协助路演，完成本轮跟投融资”。

由于其拥有专业的技能，并且付出了相应的劳动，领投人也将获得比跟投人更多的收益。这种回报方式类似于传统的基金分成，最终回报中的10%～20%会分配给领投人。

对于跟投者，网站一般会确认其风险承受能力，并有一定的最低投资额限制。比如爱创业会要求跟投者签订一份风险承诺书，确保跟投者了解其中的风险，同时设定了最低3万元、最高为项目募集资金总额的30%的限制。

3. 了解众筹的回报

参与产品众筹，你能够以低于市场价购入一项创意类产品。更多人感兴趣的不仅仅是产品，这里有投资的成分，他们非常期待跟创业者一起完成一件事。这是产品众筹与电商平台最大的不同——参与感。股权众筹是一种令人着迷的模式，它类似于投资一家未上市的公司，有可能带来巨大的回报，也可能亏得分文不剩。

与一般的天使投资一样，众筹可能产生非常大的收益，但是投资者也必须做好可能血本无归的准备。这也决定了股权众筹的规模不可能有P2P那么大，但它可以作为资产配置的重要一环。

4. 了解参与众筹的风险

别看产品众筹只是花了几十元到数百元的小额资金，预购一款新产品，其实产品预售类众筹中也存在风险。一位投资者在一家知名众筹平台上众筹了一块智能手表，就遭遇了到了交货期限却迟迟不能交货的风险。

其实，在产品设计和测试基本完成之后，产品的生产过程中还可能遇到众多的问题，需要找生产商、量产过程中难以保证质量等都可能成为延迟交货的原因。除了这些客观原因之外，更坏的情况是创业公司主观上的懒惰懈怠造成延迟交货。即便你众筹的产品及时到手，你还可能遇到这款产品与当初的预期不符或者粗制滥造的可能。

如何使风险降到最低，则考验着一家众筹平台的运营能力。平台在前期对项目发起人进行审核，会查看项目发起人的网络关系和网络痕迹，如果之前没有一点迹象要做这个项目，就一定不会获得通过。另外，还要审核项目的可行性报告，目前的审核上线项目不超过全部申请项目的10%。

在传统的投资中，尽职调查、信息披露、财务审计等都由专业机构实施，但是在传统的模式下这些领域都存在缺失，投资者如何在事前去考核项目并进行投后管理，这些都是有待解决的问题。

5. 寻求专业人士的帮助

每位投资者的背景、专业知识都不一样，可支配的投资额也不相同。可以借鉴风险投资人的投资原则“投资就是投人”，一定要找到一个值得信任的众筹发起人，或者保障机制完善的众筹平台。

在进行高风险的早期投资时，千万不要单打独斗，这一点尤为必要。尽量去咨询理财专家，他们能帮你更好地分配资金。

如何设计众筹持股方式

在众筹过程中，如果有很多股东进来，那么持股方式如何设计呢？一般有直接持股和间接持股两种方式。

1. 直接持股

直接持股方式就是投资人直接进入，和原始股东有同样的地位。根据我国现在的法律规定，股东直接进入的话，如果是有限责任公司，不能超过50个股东，股份公司则不能超过200个股东。直接进入成为公司的股东，最大的好处就是这些众筹的参与者有真正的股东身份；不利的地方就是股东太多，容易产生纠纷，一旦产生纠纷会影响公司的实际经营。

2. 间接持股

间接持股就是参与众筹的这些股东进到你的持股平台里，这种持股平台通常是有限合伙制企业（领投人可以做GP），通过这个持股平台再投到这家公司，这就是间接持股。间接持股的好处是这些股东是在另外一家公司持股，不直接成为众筹公司的股东，一旦产生矛盾对这家众筹公司不会有影响，不利的方面是这些股东不是直接股东，会影响做股东的感觉，在设计持股方式的时候要综合考虑这些因素。

间接持股有以下两种形式。如表8–6所示。

表 8–6 众筹中的两种间接持股形式

形式	内容要求
委托持股	委托持股或者叫作代持股。一个实名股东分别与几个乃至几十个隐名的众筹股东签订代持股协议，代表众筹股东持有众筹公司股份。《公司法》解释已经认可了委托持股的合法性。在这种模式下，众筹股东并不亲自持有股份，而是由某一个实名股东持有，并且在工商登记里只体现出该实名股东的身份
持股平台持股	比如，先设立一个持股平台，50个众筹股东作为这个持股平台的投资人，把资金投入持股平台；然后，持股平台把这笔款再投入众筹公司，由持股平台作为众筹公司的股东。这样50个众筹股东在众筹公司里只体现为一个股东，即持股平台。持股平台可以是有限责任公司，也可以是有限合伙。现在，很多众筹发起人开始倾向于把有限合伙作为持股平台。众筹股东作为有限合伙人，众筹发起人作为普通合伙人。按照合伙企业法，通常有限合伙人不参与管理，由普通合伙人负责管理。这样，众筹发起人就可以其普通合伙人的身份，管理和控制持股平台，进而控制持股平台在众筹公司的股份，也就实际上控制了众筹股东的投资及股份

第九章

众筹诚信：建立诚信机制，让众筹无失信之虞

众筹的发展如日中天，但是诚信问题却是众筹发展道路上遇到的一大难题。众筹金融发展，诚信是奠基石。互联网众筹市场的发展要做好诚信工作，建立诚信机制，才能让众筹无失信之虞，众筹发展的道路才能日益宽广。在这之中，法律支撑、透明保障和诚信体系是众筹金融乃至互联网金融发展的助力。

众筹模式新解

ZHONGCHOU MOSHI XINJIE

众筹，应该创造一种无局境界

设局是建立规制，确保诚信兑现；无局则与此相反，但前提是已经具备了诚信口碑，无须再用制度来约束。在无局状态，公序良俗使任何人不敢再串通欺诈跟投人。无局是社会诚信最好的状态。众筹的开放、民主、公正、透明，有助于社会步入无局状态，有助于经济的良性发展。

1. 众筹领域存在的诚信问题

早先的众筹主要是以股权、债权为主，现在产品众筹和公益众筹不断发展，才逐渐显露出诚信问题。实际上，诚信问题也主要体现在产品众筹和公益众筹领域。

产品众筹作为一种消费类众筹，是一种新兴的消费渠道。采用“预售+团购”的模式，投资者可以以较低的价格获得产品和服务，是“消费者先接受，商家后生产销售”模式。该模式尽量拉近资金供求双方的距离，减少各种中介的作用，所以能降低价格。如何全面维护消费权益，暂未出台相关条款，所以诚信问题显得至关重要。先付钱后收货，这种模式当前运作最成功的是淘宝，为解决其中的诚信问题，马云创造出支付宝，使得淘宝这个平台可以成功运作。当下的众筹平台完全可以效仿支付宝的运作模式，以解除人们的顾虑。难以避免的是，部分商家以众筹方式浑水摸鱼，以高价产品号称低价消费。那么，消费者可以对有兴趣的众筹产品，可先到各购物网站比较价格，然后再做出是否参与众筹的决策。

业内有识之士普遍认为：问题即商机。面对问题，要努力从中找出解决方法从而转换为商机。国内有些众筹机构在对支持者的保护措施上分成两个阶段：先付50%的资金去启动项目，项目完成后，确定支持者都已经收到回报，才会把剩下的资金交给发起人。这种诚信体系的建设，畅通了发起人与投资人的运作渠道，因而取得了事半功倍的效果。

北京一家小型电影工作室，在影视类众筹平台淘梦网上，通过52个人筹集到5000元作为微电影《百分百爱》的拍摄启动资金，所有出资人按照出资金额不同，分别会获得电影片头片尾的字幕感谢或电影的DVD作为回报。类似这样的垂直众筹网站，还会在科技硬件领域的“点名时间”，以及音乐领域的“乐童音乐”等众筹平台向众多领域推广。

2. 众筹的征信体系及诚信环境决定众筹的成败

在当前的众筹环境中，除京东、淘宝等体系内的众筹相对安全一些外，当投资者（消费者）在新的众筹平台开展众筹时，其征信体系及诚信环境缺失使得筹资人的信任机制、分配机制、退出机制就成了问题。

值得高兴的是，在历经2014年一整年的发酵后，国家政策为众筹行业悬上了光环。2015年7月1日，新华社受权正式公开发布的《国务院关于积极推进“互联网+”行动的指导意见》中表示，应积极拓展互联网金融服务创新的深度和广度。利用大数据发展市场化个人征信业务，加快网络征信和信用评价体系建设。加强互联网金融消费权益保护和投资者保护，建立多元化金融消费纠纷解决机制。改进和完善互联网金融监管，提高金融服务安全性，有效防范互联网金融风险及其外溢效应。

众筹的无局境界，为期不远，值得期待。

诚信体系，让众筹走得更好

众筹热潮过后，行业的发展趋于理性。国内的众筹行业在短短几年的时间内快速崛起，催生了大量的新业态和新模式。众筹的市场潜力依然巨大，但要走得更好、更快、更稳，一定要从源头上建立诚信发展的机制。在这方面，人人投做出了有益的探索。

1. 人人投的众筹诚信体系建设

人人投打造诚信体系是从多方面入手的：

第一，以具备一定规模的、专业的风险控制团队，对项目进行包括信用、诚信调查在内的综合把关，并要求项目方在日常运营中安装人人投研发的财务软件，以保证财务透明。

第二，人人投将出现严重诚信问题的项目方或投资人纳入黑名单，并与近30家战略合作的主流众筹平台进行黑名单互通与共享。

第三，收购多家统计“老赖（失信被执行人）”的网站，并与多家民间投融机构合作，获取大量的民间借贷数据资料。

第四，设立征信公司并整合工商、税务、法律等信息查询系统。

第五，要求初次与人人投合作的项目方增加两位领投人，并且这两人关系密切。

通过上述对人人投诚信体系的归纳，可以看出人人投力求通过风险控制、技术、数据系统、道德约束甚至民间力量来建立诚信体系。就像人人投CEO郑林所说的，打造行业最大的投融资诚信查询综合体系。

2. 人人投打造诚信体系的借鉴意义

人人投对诚信体系的大力追求，首先是从自身发展的角度出发的，诚信体系是人人投做大做强的基础；而人人投诚信体系一旦上线，对于众筹行业，尤其是股权众筹行业也颇具意义。那么，人人投建设诚信体系的做法，对于其他股权众筹平台有何借鉴意义呢？

按照平台关注的领域或行业划分，目前的股权众筹大致分为TMT类股权众筹、实体（连锁）店铺类股权众筹及其他类股权众筹，前两类占据了大部分市场份额。单就教育水平而言，实体店铺领域从业人员整体不如TMT行业；另外，实体店铺创业门槛相对较低，不需要像TMT行业那样需具备艰深的专业知识，而且实体店铺因经营需要，其社会关系往往相对复杂。但这并不意味着，TMT股权众筹行业可以像实体店铺那样，适当放松对道德的要求或审核。首先，道德标准不能简单以学历高低来衡量，高学历、低品行已经成为不容忽视的社会问题。其次，TMT初创企业风险远远高于实体店铺行业，尤其高于连锁店铺。最后，从投资市场角度来看，如今不少新进的天使、初创资金对TMT行业的风险认知不足，反而导致项目方盲目自信，为日后的道德风险埋下隐患。

人人投对诚信体系的打造计划是完善的，但并不意味着其他平台都能直接拿来生搬硬套。事实上，股权众筹的项目方、投资者与实体店铺股权众筹有着明显的区别，其诚信体系的打造需要引入更多道德层面的约束机制，这不仅需要平台负担更多的监管职责，也需要领投人承担起相应责任，必要时也可以引入担保、保险等措施加以辅助。

诚信体系的打造，不论对相应平台还是对股权众筹行业而言都是一件好事，是行业可持续发展的基础；但同时，诚信体系的打造也是一件复杂的、耗费精力的，甚至会引发争议的事，从这一点来说，人人投对诚信的追求精神值得鼓励，对向不诚信一方“宣战”的勇气值得学习。

恪守诚信底线，加强众筹社群自治

众筹过程中通过陌生的弱关系开展众筹，筹资人的信任机制、分配机制、退出机制是否健全，关系到众筹的成败。项目发起人可以利用虚假信息圈钱，领投人也很可能是同谋。因此，众筹人恪守诚信底线，兹事体大，不可不知！

1. 群主要发挥沟通桥梁作用

众筹社群是自由人的自由联合，各自独立的自由人通过一个想法聚集在同一个群里，而且每个人随时可以选择退出，甚至群主退出而群依然存在，群主则顺延给群里第二位成员，群主在这里不是一个中心的集权角色，而是服务好每位群友，使之顺畅沟通的桥梁，是群的守护者和园丁，组织和引导群里的讨论往健康方向进行。

完善的众筹社群自治，通过有效的方式打造一个健康的社群部落，比如，让群聊的沟通最有效率，保持大家的信息认知同步性，做到财务账目公开透明，等等，可以有效遏制进而杜绝诚信问题的发生。所以下面来分享一些众筹社群自治的办法和技巧。

众筹的理想状态应该是众筹、众智、众力，即出钱、出想法、出力气，人人参与其中，人人为社群出一分力，这样社群的势能才能不断壮大。社群势能的体现，在于每个人积蓄一点能量，然后形成巨大的能量。水滴石穿，积沙成塔，每一滴水，每一粒沙，在这次聚合势能的过程中都是必不可少的，一分一分的势能积聚起来才有量变到质变，这就是社群势能所体现的威力。

出钱、出想法、出力气，只是众筹社群自治的最基本的出发点，要杜绝出现诚信问题，关键是现实有效沟通、信息认知同步和财务透明。

2. 众筹社群沟通技巧

微信群是目前众筹形成社群组织最好的工具和方式。但是群里人多了如何保证信息的有效性，保证让群里所有人都获知和参与讨论，就需要几个微信群的小技巧了。一是为群里的每位成员备注标签，修改备注名，做到统一管理。这样就能及时地通过群发消息通知到大家，比如“今晚8点群内开会讨论，请积极参与”。任何阶段性进展情况通知也可以用群发助手通知到大家，解决信息不对称的问题。二是群内有专人负责每天整理聊天记录，负责脱水处理后，整理出来，好让白天错过交流和讨论的群友及时补课，跟上进度。群聊整理的具体办法很多，可以到群里去征集整理技巧。

3. 众筹社群的财务管理

至于财务透明的社群自治办法和技巧，微信并没有更好的财务工具，需要借助另外一个工具——相关的财务记账APP软件。通过每一笔账目的登记，将账目情况及时公布给所有群员，大家一起监督，全程公开透明。另外众筹的社群在管理决策上应该是“中心化”，在讨论交流时可以“去中心化”。

任何腐败和小动作都是由于信息的不对称、不公开、不透明造成的，而在众筹社群中熟练使用微信原有的小功能，做到让所有信息包括账目都公开在阳光下，就能避免误会，杜绝一切腐败，让社群保持阳光健康。有了这样的“自治”，诚信的建立并不困难。

众筹领袖的诚信责任是维系整个组织的根本

在众筹组织中，众筹领袖的诚信责任是维系整个组织的根本，众筹领袖的人格和个人品牌是诚信责任的重要保障。

1. 众筹发起人的诚信度

国内某高校毕业生吴某拿到了哈佛大学肯尼迪政府学院的硕士名额，但高额的学费让他的求学之路遇到很大阻力。于是他在互联网上发起一场众筹，筹集学费。很快，吴某的众筹项目得到网友支持，这让吴某的哈佛之路变得不再遥不可及。众筹，是指透过互联网展示、宣传想法与创意产品，并与大众解释，让想法和产品实现的计划。有兴趣支持、参与及购买的人，可以资助这一计划。吴某的这场众筹基于个人利益，表面上筹集的是学费，其实筹集的是大家的爱心。吴某公开给予承诺，每周保证至少两个小时的在线时间，其中包括一小时分享时间和一小时答疑互动时间，实时解答大家关于其在哈佛学习和见闻的各种问题，回馈大家的慷慨解囊。

很多人对利用众筹来达到自己的“目的”，比如出国留学、创业、旅游嗤之以鼻，认为这实质上是一种“乞讨”，与当前大众广泛接受的“自食其力”的价值观背道而驰。在他们看来，想利用众筹出国留学的吴某，他获得的是大家资金的支持，而他所能给予的回报也仅限于介绍一些出国经验，讲述一些见闻。这容易给人一种“不劳而获”的印象。总之人们对于这类众筹是褒贬不一。

其实对于众筹的发起人来说，在考验其诚信度的同时，也会时刻督促其完成对投资者的承诺，想要拿钱走人的想法在网络如此发达的时代已经很难立足了，这就需要众筹发起人诚实守信。对上述案例中的吴某来说，需要及时、有效地履行承诺内容，不敷衍了事，消除大家“捞一票就闪”的疑虑，不让大家的爱心“受凉”，以此形成良性互动，让更多人参与到众筹中来，帮助更多有合理需要的人实现梦想。

2. 发起人要履行与众筹平台的协议

众筹平台在项目发起人发起项目时，应该明确告知项目发起人平台的定位和专注的项目，以免增加平台和项目发起人不必要的麻烦。众筹平台可以通过合同建立起与项目发起方的法律约定，还可以写一封《告项目发起人通知书》，要求项目发起人对自己的众筹情况进行详细介绍，包括：企业项目简介，项目图片和项目视频地址，目标用户或客户群体定位，目标用户或客户群体目前困扰或需求定位，满足目标用户或客户需求的产品或服务模式说明，项目赢利模式说明，市场主要同行或竞争对手概述，项目主要核心竞争力说明，创业团队介绍，历史执行情况，未来计划，项目附件，融资金额、出让股份和付款方式，注意事项以及其他未尽事宜，等等。对于上述内容，众筹发起人要切实履行。

个人的诚信问题会给众筹项目带来风险，因此，众筹项目的发起人和众筹平台唯有恪守诚信，才能保证该众筹项目取得圆满成功；唯有恪守诚信，才能保证众筹这条新道路越走越宽广。对于众筹领袖来说，更不能玩“商业性政治手腕”，必须恪守诚信，尽职尽责，只有这样才能维系整个众筹组织的健康发展。

解决众筹信任机制任重而道远

事实上，“众筹”是一个非常宽泛的概念，其不同的细分类型，在商业逻辑上也差异不小。不过，无论是购买模式还是投资模式，信用问题一直都是困扰众筹的主要问题之一。相对于目前的国内信用体系而言，众筹模式对信用约束的要求最大，承受道德风险的能力也最弱。

1. 各众筹平台注重保障融资人权益

为了解决信用机制的问题，各家独立众筹平台都十分注重保障融资人的权益。下面举几例：

众筹网采用的是专业金融团队把关、项目调查控制风险、保证第三方资金支付管道的“三重保障机制”。

天使街股权众筹平台则是对投融资双方实名认证，审核用户信息的真实性，并要求融资方发布真实的融资计划书，在融资计划书中充分揭示投资风险，并披露募集资金不足或超额募资时的处理办法以及其他重大信息。融资计划书应当包括但不限于创始人及主要管理人员的姓名、从业简历、学历及其兼职情况等信息，并监督项目方在成功筹集后的资金使用情况和运作情况。

众筹天使网创始人吴子凡表示，任何的东西都可以来做众筹，但前提是有良好的模式设计，不能仅是筹钱，投资人是很实际的。“如果大家一定要做众筹，我建议大家要和三家机构合作：第一是律师事务所，可以规避法律风险。第二是会计事务所，需要清晰的财务状况。第三要和管理公司合作，能够迅速给你完整的众筹建议。”

2. 众筹不能碰触的六条法律红线

现在小微企业融资难、融资贵，国家非常重视，因此要发掘一个新的融资渠道，多措并举缓解这个问题，股权众筹就是一个好招。对于规范我国的众筹，中央财经大学金融法研究所所长黄震提出，有六条法律红线不能碰：

第一，不向非特定对象发行股份。

第二，不向“200人”之外的特定对象发行股份。

第三，不得采用广告、公开劝诱和变相公开方式发行股份。

第四，对融资方身份及项目的真实性严格履行核查义务，不得发布风险较大的项目和虚假项目。

第五，对投资方资格进行审核，告知投资风险。

第六，不得为平台本身公开募股。

第十章

众筹管理：制定组织规则，实现活动自控

在参与众筹的过程中，人们对自我权利、民主的追求，使他们都想对自己不满意的项目提建议并希望得到采纳，甚至希望与其他有共同需求的人一起去重新打造一个项目。在这种情况下，众筹管理需要制定组织规则，科学合理的众筹自组织管理规则，必须保证用户表达诉求和参与众筹，发挥众筹组织成员的自发协作能力，并能够实现众筹活动自控。

众筹模式新解

ZHONGCHOU MOSHI XINJIE

如何实现众筹组织扁平化管理

众筹之所以兴盛，既得益于互联网带来的信息透明、交易环节缩减，也与众筹自组织中民众的参与诉求和投资热情密切相关。那么，如何实现众筹组织扁平化管理呢?

1. 组织结构扁平化的本义及其管理要点

扁平组织结构是一种不需要现场监督，高度自治而且每个人都有权为公司做出重大决定的管理方式。在这种情况下，公司需要确保每个人都能获取相同的信息，清晰地了解公司的市场目标和定位，然后在此基础之上，采取一致的方法解决问题和应对挑战。

扁平化的组织结构意味着灵活协作，相对少的管理层级，让最下层单位拥有充分的自主权。扁平化管理包括三个方面的内容：信息的扁平化、组织机构的扁平化和业务流程的扁平化。为此，要做到以下几点：一是要对管理业务整合和职能调整进行认真的调查和论证。业务流程设计应做到职能设置科学，管理流程短，信息畅通；管理层的机构和岗位设置应做到精干高效、责权对应。二是要对作业层进行整合。整合的原则是工艺相近，区域相邻，集散有度，有利管理。三是要提高员工素质。由于扁平化的内涵是减少管理层次、扩大管理幅度，因此一定要实行竞争上岗，保证关键岗位上的人员素质。四是周密编制实施方案，特别是企业集团大范围地推行扁平化管理，更应该编制好科学、详尽的实施方案。

2. 建立适合众筹自组织的管理规则

众筹模式建立的组织特点是自组织，或叫有机组织。将这些人聚拢到一起，就会自主自发地成长。这是因为，众筹是一个价值发现的过程，无论是组建一个咖啡馆，还是做一个博物馆，或是众筹一个论坛，到底值多少钱，是通过大家共同议价慢慢形成的，这是一个价值发现的过程，也是价值实现的过程。这就大大提高了投资者的参与广度，体现出强烈的“粉丝”经济色彩，并由此展现一个开放、扁平化和“去中心化”的互联网商业生态图景。

众筹的组织结构是扁平化的，传统的管理方式并不是太适合众筹，我们还需要寻找一种新的协作模式完成项目管理。项目的聚和散不再是传统的上下级聚散，而是扁平式的聚散。未来是众筹时代，我们的当务之急是，建立适合众筹自组织的管理规则。

自组织管理中的规则是如何建立的？第一，自组织不是无组织。自组织是在应对及适应不确定性外部环境下自发形成的一种具有自我修复能力的组织形态。第二，自组织是动态的、多元的、网状结构的组织，它颠覆了原先单一的、稳定的、确定的组织结构，处在从无序走向有序，从有序到相对无序的动态良性循环中，而且往往是整体有序和局部无序、宏观无序和微观有序并存。第三，自组织作为一种组织形态，其内在的、本质的追求与传统组织一样要追求效率、活力与适应性。第四，自组织与管理的关系是，它更强调组织内部的共创、共治、共享，对传统管理的权威来源、控制方式和流程、角色定位与分工等构成了冲击。

众筹的本质就是众筹、众治、众享，大家出钱出力共同来做一件事情的时候，就形成了一个自我管理的规则。大家目标是一致的，平等参与，在过程中谁在某件事情上表现出超出众人的能力，谁就成为组织的中心，最终成果由大家共享，这是一个完整的链条。

如何实现“中心化”和“去中心化”的平衡

众筹自组织属于社群性质，而社群带来了“去中心化”的时代。在“去中心化”时代，单纯强调“去中心化”是不合适的。如果只看“中心化”那世界过于悲观，如果只看“去中心化”那世界则过于乐观。未来更应该是这两者叠加出来的一种形态，其理想状态就是社群联盟。

1. 碎片化社群的整合方向

因为社群是碎片化的，单个社群很难产生商业价值，所以，社群的价值，必然产生在社群整合的前提之下。社群整合，是“去中心化”时代不可少的商业技能。所以，“去中心化”的社群，其未来恰恰在整合上。整合方向有三个：假整合、被动整合和主动整合。如表10-1所示。

表 10-1　碎片化社群的整合方向

方向	含义
假整合	假整合即利用既有的中心化媒体，整合碎片化的社会化媒体，成就商业。一些靠社会化媒体起家的企业，现在转向中心化的传统媒体，打的旗号却是中心化的整合，比如某社群在央视春晚密集投放广告，某网站“双十一”期间几乎垄断了传统媒体核心时段广告。我们反对打着整合的旗帜搞真回归。所以，这个方向的所谓整合，是假整合，真回归
被动整合	被动整合指的是企业或社会化营销专家发起的整合，而社群本身是被动的。社群的核心商业价值是传播，但由于社群的碎片化，所以，社群传播要达到“引爆”的效果，必须集合到一定数量的社群。由于单个社群很难完成社会化营销所要求的“引爆”效果，所以，整合社群就成为社会化营销的必备手段。在这个整合过程中，社群的整合传播主要考虑三个因素：一是社群能干什么？千万不要赋予它不能完成甚至伤害社群的任务，比如强推、硬推。二是有多

续表

方向	含义
被动整合	少个社群集体整合才能“引爆”？整合的力度和火候需要拿捏好。三是传播话题是否适合社群传播，如何才能精准巧妙地在社群中释放。毕竟社群传播首先是兴趣引导，然后才是利益导向，利益搭载于兴趣
主动整合	主动整合的典型做法是社群联盟。当前出现的社群联盟，有两种做法：一种是有联盟之名，无联盟之实，只是大家签个声明，拍个照，便为“结盟”，这类草创性联盟可以称为“联盟1.0”；另一种是社群之间结成一个有机体，深度结合、彼此联动、全盘轮动，甚至像NBA获胜球队那样“发生化学反应”，这种联盟可以称为“联盟2.0”。“联盟2.0”最终一定是分布式社群。现在社群领域出现的“微社群联盟”，可以理解为后一种的代表

2. 将碎片化社群整合为社群联盟

整合成为分布式社群需要解决两个问题：一是怎样把社群的弱关系变成强关系。多数社群是弱关系，特别是新媒体类的社群，以弱关系为主。弱关系怎样变成强关系呢？现在看来，先在线上建立关系，然后在线下强化关系，这是弱关系变强关系的主要途径。弱关系的社群，分布很广，所以线下活动的组织工作难度很大，而一些有影响力的群主又是社会活跃人物，时间宝贵。比如速途网看到了社群的这个痛点，提出在各个城市指导、协助社群做线下活动，这正是社群所需要的。二是单个社群的边界受限。社群的“粉丝”，最初是线下变线上、线上再发展线上，线上达到一定数量后，如果缺乏新的线上传播渠道，“粉丝”群扩大就会受到限制。解决这个问题的办法，就是让原来小社群的声音和效应，形成社群效应外溢；让每个社群都找到更大的舞台，扩大“粉丝”群，而中间起协调作用的就是微社群联盟。

对于上述两个痛点，一是解决“弱关系变强关系”，二是解决“社群效应外溢”“粉丝数量扩张通道”，通过这两个角色把社群关联起来，形成“化学反应”，形成一个有机体。既有各自社群的独立性，又有联盟的协同性，这样的社群联盟才是真联盟，这样的社群联盟才能做到“中心化”和“去中心化”的平衡。

“天使投资+合伙人制+股权众筹”是一场革命

2015年7月，中关村全球股权众筹联盟发起成立了。这不只是中关村在100多个社会组织之外，又产生了一个新的成员，还标志着一个“天使投资+合伙人制+股权众筹”的新时代的来临。

1. “天使投资+合伙人制+股权众筹”模式之天使投资

天使投资在创业生态系统中好比自然生态系统中的腐殖层、营养层，腐殖层、营养层越厚，庄稼长得越好。现在有1万多名天使投资人都活跃在中关村，许多家上市公司创始人、高级管理者甚至中层员工，都成为了活跃在中关村的天使投资人，这是中关村今天创业活跃的一个重要的原因。

2. “天使投资+合伙人制+股权众筹”模式之合伙人制

合伙人制的出现也是一场革命，是在现代公司治理理论上的一场革命。基于《公司法》的现代公司治理理论，同股、同权、同利，按股权来表决，决策是资本说了算。《中国合伙人》这部电影，讲述了一个创业的故事。今天看来它代表了一个时代的来临，某种程度上是一个时代才有的一部电影。在今天中关村有一批创业企业，甚至包括已经上市的公司都是这样，采用合伙人制，像京东，腾讯是它的第一大股东，投票权授权给刘强东。还有很多企业，投资方提供了创新发展所需要的主要资本，但是表决权让给了创始人，让给了合伙人。这在制度层面说明了，智慧比资本更加重要。智慧代表的是人，也就是说资本是为人打工的，而过去恰恰相反，是人为资本打工。

3. “天使投资+合伙人制+股权众筹”模式之股权众筹

股权众筹，某种程度上讲众筹的不是钱，众筹的是资源。它改变了传统的治理理论——短板理论，即木桶水的容量由最短木板决定，所以我们想方设法弥补短板。在今天则不同。很多创业者从事前沿领域的创业不见得什么都懂，但是他能看清未来趋势，能找到合伙人，就能通过众筹找到所需要的资源，所以今天变成长板理论，这是众筹的精髓。

中关村股权众筹联盟的“天使投资+合伙人制+股权众筹”模式，标志着中关村建设全球股权众筹中心的大幕正式开启。下一步，中关村将大力发展以“天使投资+合伙人制+股权众筹”为特色的创新创业模式，支持建成一批风险控制、资源整合、技术和商业模式创新能力强的互联网股权众筹平台，推动全球资本和创业团队实现对接，进一步完善创新创业生态系统，把中关村建设成为全球高端创新创业资源的配置中心和链接全球创新创业网络的枢纽。我们也非常高兴地看到，有一些海外的机构积极申请加入中关村股权众筹联盟。

众筹组织的垂直化整合管理

垂直整合意味着公司的价值链与其供应商、经销商价值链之间的整合水平，也是降低交易成本的一种方法。公司战略发展过程中，垂直整合往往被考虑作为一项战略选择。比如在供应商过于强大对公司发展造成威胁的情况下，一种战略解决方案就是大量收购供应商，这是降低供应商和顾客议价能力的必然选择。在这方面，北京乐视公司致力打造基于视频产业、内容产业和智能终端的“平台+内容+终端+应用”的完整生态系统，被业界称为“乐视模式”。

1. 乐视的垂直整合

乐视的做法是更多采用互联网的模式运作，比如乐视影业，就完全是一个面向互联网的电影系统。乐视更为独特的优势，就是将产业链垂直整合在一起，形成一个完整的链条和生态系统。今天，全世界还没有第二家公司完全采用乐视的商业模式。尽管美国苹果公司有点类似，但乐视做得比苹果更垂直，也更下沉。云计算、内容库和视频系统是乐视的有机组成部分，显然苹果公司并不具备这些。另外，能将各要素完全整合到一个链条上，并使它们之间发生化学反应的，也就只有乐视一家了。

乐视一直践行一条产业垂直整合的道路，因为乐视坚信，随着时代的变化，企业的商业模式和经济理论也必须随之而变。当产业定义清晰稳定的时候，分工模式也许可以为各个环节的改进和创新提供专注高效的大环境，但在一个产业需要彻底颠覆再造的时刻，它注定成为一种极为低效的产业形态。为了配合不同品牌不同性能的终端，乐视的系统就必须不断地妥协，最后的产品必然无法达到极致，也就无法提供极致的用户体验。

产业链的垂直整合并不意味着乐视可以无所不作。乐视生态有两个特征：一是闭环，二是开放。所谓闭环，就是我们要让乐视生态形成自我循环和自我进化的能力，然后不断提升整个生态的价值，最终为用户产生价值。所谓开放，乐视四层架构的每一层面同时又是开放的。比如乐视云平台，已经开放了大量的流量、数据和用户，其中20%的流量就来自乐视网之外。另外，乐视超级电视的store、LetvUI和内容都是开放的。

2. 乐视垂直整合的意义

乐视的思维转换是战略整合的前提，而且落实到行动上，这对所有企业都具有普遍意义。

行动力是与固有的惯性相联系的。任何历史都具有路径依赖的特征，也就是我们通常说的惯性。成功的惯性引导企业向着一个方向前进，而移动互联网时代，它没有办法做到，这就是专业化分工带来的一个致命弱点。所以，在互联网时代，专注只是垂直整合的一个必要的条件。一家企业如果埋头专注于产业分工，总有一天会被颠覆掉。

让众筹实现自我监管

如果说金融监管的最高境界是公开、公正、公平，那么众筹就实现了最高境界。它是独立、自由、平等、博爱的，符合我们的价值观，也符合监管的最高境界，让众筹自我监管。

1. 众筹要建立公共的规则，要形成具有自律性的公约

自律不是他律，不是靠政府监管才能做到，而是以既定规范为基础进行自我约束。比如互联网金融协会是民间自发的，目前要依赖于政府才能组建，获得政府的批准才能形成，这一定程度上违反了互联网金融的精神。在这个问题上双方最好做出妥协，首先要强调互联网金融协会。如果将来众筹要形成协会的话，一定是以自律为原则、自上而下的，一定是政府监管，但不是让政府出钱。

2. 众筹活动要实现有效自控

一个规范的众筹要控制四个点。如表10–2所示。

表 10–2　众筹活动有效自控的四个关键

事项	含义
合格的筹集人	主要是控制质量，而且保证真实，防止诈骗
控制筹集的平台	要经过审查和安全保障，并且降低成本
控制合格的投资人	要确认他有没有能力，是不是在清醒状态下做出的投资决定，能不能给人安全感，甚至是投资人要参与
第三方监理人	比如要众筹500万元，这些钱由谁来保管呢？如果是众筹人保管，一旦出了问题怎么办？所以考虑放在第三方。第三方监理人是非常重要的，这是一个程序，要保证安全

合格的投资人、合格的募集平台、合格的募集人、第三方监理人，这样的众筹是完全符合公民社会正常的募集资金的程序；而一个规范的、实现自我监管的众筹自组织，可以推动中国的金融启蒙，创造一条和谐的金融发展道路。

众筹联合体的文化共建

自由人的联合，能够推动中国创造的发展；而众筹就是自由人的联合，这能够在创新层面上激发普通人的创造力。

1. 自由选择是众筹核心价值

人类世代追求的一些理想价值观在众筹上得到体现。比如平等，进入众筹的门槛很低，参与者大多属于“草根”阶层，在群体里地位平等、身份简单。比如自由，众筹是一个自由人的联合体，合不合作、与谁合作都是自愿的。比如个性，项目的创意充满了个性，参与者享受整个众筹的过程，结果退居次要。

自由的选择，是众筹核心价值之一。我可以自由地选择和甲合作，也可以自由地选择和乙合作；我可以自由地选择做这件事情，也可以自由地选择做那件事情；我可以自由地选择进入，也可以自由地选择退出；我可以自由地选择贡献一分力气，也可以自由地选择贡献十分力气……。一切皆是自愿自由。众筹参与者，是自由人的自由联合。

众筹联合体是适应中国圈子文化、面子文化、人情文化的社会组织形式。这一中国式的众筹模式优势明显，在中国情景下颠覆传统商业模式具有广阔的想象空间：能够激活社会沉淀资源，优化资源配置，提高利用效率；能够集腋成裘，快速集中大量资源办大事，颠覆各行业传统运作模式；能够大大降低创业创新风险，打破中小企业死亡概率魔咒，大大提高中小企业持续发展概率；能够大规模培育商业社会健康的组织细胞——小而美、社区化的公司；能够使真正有能力做事的专业人才掌握话语权，减少各方制约，更顺畅地把事情做好，为社会服务，等等。

2. 个人创业和企业级电子商务的众筹联合体

以聚集“北大人”为主的1898咖啡馆为例，每一个众筹股东作为一个节点，在这个200人的网络中可以自由组合，使这个群体成为“自由人联合体”。例如股东内部自发成立了1898投融资俱乐部，定期开展各种投融资讲座和路演，带动了许多业务和合作机会，典型的如1898发起人武寒青创办的国内著名动漫公司“青青树”，其出品的动漫《魁拔III》需要融资两三千万元，仅在1898投融资俱乐部组织的内部路演中，就基本完成了融资。

众筹联合体不仅适用于小规模的个人创业，在企业级电子商务中也同样适用。在人人都讲O2O的数据时代，不可抵挡的电子商务浪潮打破了加盟商和代理商的地域保护优势之后，品牌商该如何理解未来的加盟代理销售模式。加盟代理即是众筹，这种众筹的联合体可以迅速扩大经营规模。

举个例子来说，代理商的保障金、加盟商的加盟费成为众筹投资资金之后将再次投放到该地域，由公司迅速开店，并可以由当地的众筹投资股东来进行管理。这一方面将加盟店转化为直营店，利于提升经营水准，避免加盟商由于趋利而降低人员、品质和管理标准，例如使用更差的原材料，使用更低素质的人员，等等；另一方面还将获得本地化的运营管理者，解决总部指令难以下达、管理半径难以企及的问题。

作为投资众筹股东管理某一区域的经营，将让传统的代理商、加盟商成为品牌经营者，这个身份和云物流运营商的身份一起成为传统渠道商转型的两个出路。这种转变将依托于一个前提，就是信任。如果品牌商和众筹商之间缺少信任，则会导致众筹商很快会独立运作区域品牌，这种做法看似简单，实际在未来的竞争中无异于自寻死路——缺少系统的品牌体系、管理体系、培训体系输入，某个区域的经营就会陷入无源之水的境地。当然前提条件是品牌商具有完善的品牌管理体系、管理运营体系和培训体系。这些体系组合就是完整的文化体系，文化即管理。

不过对于想要拥有独立品牌的众筹商，最为合理的做法是提交项目计划书给公司，由公司投资该品牌而独立发展，即在体系内孵化出另外一个品牌，同时共享体系内的所有文化成果，这将让新的品牌稳定、有序、快速成长。

这种彼此的投资关系，依托的就是文化的共建、信任和相互认同，这是符合互联网时代特色的良性的发展模式，可以维护品牌，统一口碑。人类社会是不断向前发展的，所有的行业都在不停地前进中，新时代要想与同业竞争，都离不开互联网的“开放思维”，而企业级的众筹联合体则是新一轮颠覆的开始。

后记

互动中国："众筹+未来"

在当前的商业实践中，众筹已经成为一种创业、融资、推广的新形式。众筹模式互动性高，可帮助参与者获得更多的反馈信息，在快速推广项目的同时，更利于判断项目的可操作性。一个好的众筹项目，需要与投资人有好的互动。在积极互动的同时，众筹发起企业要为投资人提供完善的信息披露，包括融资方面的进展以及资金去向等，以让投资者能进一步了解掌握项目规则，提升参与感。

各式各样的众筹借助极强的互动性，在公益、科技、创业、音乐、游戏、影视等领域大显身手，互动中国。比如，公益众筹可能是众筹领域中参与人数最多的领域了，同时公益众筹作为一个单独的分类，还是众筹的主要模式之一。再如创业众筹，创业领域是针对股权类众筹而言的。无论是线下商店还是线上产品，众筹已经成为不少人实现创业梦的理想方式。

众筹的概念和形式在各个领域的影响力逐渐显现，只要运作得当，众筹大有可为。在未来的一段时间，让我们一起互动中国，众筹中国的未来。如果一定要加上一个期限的话，应该就是未来十年。

“新时代企业成长书架”系列书

互联网风暴来袭，新的商业模式随着互联网的浪潮孕育而生，传统的企业管理与运营模式正在接受一场全新的洗礼与挑战。

基于当前企业管理运营中存在的疑点、难点、痛点，企业管理出版社与北京金师起点文化传媒携手国内经营管理的前沿讲师、学者及业内专家匠心打造了“新时代企业成长书架”系列书籍，包括“互联网+”产业升级书系、“互联网+”新商业模式书系、新资本时代书系、管理新思维书系、众创指南针书系等几大书系，并细分为资本运营、管理技能、市场营销、人力资源、生产管理、公司治理、创业之路、商业模式运营等多个选题出版方向。

“新时代企业成长书架”诚邀企业界、培训界及商界名流及专家学者加盟合作出版，共同打造出有料、有趣、有生命力的作品，惠及广大读者以及一线的经营管理者。